A escolha profissional em questão

Ana Mercês Bahia Bock

Célia Maria Mota Amaral

Fabiano Fonseca da Silva

Laura Belluzzo de Campos Silva

Laura Marisa Carnielo Calejon

Liomar Quinto de Andrade

Maria da Conceição Coropos Uvaldo

Maria Luiza Dias

Patrícia Dias Gimenez

Regina Sonia Gattas F. do Nascimento

Rogério Izidro Duran

Sandra Pavone

Silvio Duarte Bock

Wanda Maria Junqueira Aguiar

Yvette Piha Lehman

A escolha profissional em questão

Casa do Psicólogo®

© 1995, 2011 Casapsi Livraria e Editora Ltda.
É proibida a reprodução total ou parcial desta publicação, para qualquer finalidade, sem autorização por escrito dos editores.

3ª Edição
2004

1ª Reimpressão
2011

Editores
Ingo Bernd Güntert e Juliana de Villemor A. Güntert

Assistente Editorial
Aparecida Ferraz da Silva

Capa
Liomar Quinto de Andrade

Editoração Eletrônica
Sergio Gzeschenik

Produção Gráfica
Fabio Alves Melo

Revisão
Tássia Fernanda Alvarenga de Carvalho

Dados Internacionais de Catalogação na Publicação (CIP)
(Câmara Brasileira do Livro, SP, Brasil)

A Escolha profissional em questão. -- São Paulo : Casa do Psicólogo®, 2011.

Vários autores
1ª reimpr. da 3. ed. de 2004
Bibliografia
ISBN 978-85-85141-56-1

1. Interesse profissional 2. Orientação profissional.

11-06901   CDD-158.6

Índices para catálogo sistemático:
1. Orientação profissional : Psicologia aplicada 158.6

Impresso no Brasil
Printed in Brazil

As opiniões expressas neste livro, bem como seu conteúdo, são de responsabilidade de seus autores, não necessariamente correspondendo ao ponto de vista da editora.

Reservados todos os direitos de publicação em língua portuguesa à

Casapsi Livraria e Editora Ltda.
Rua Santo Antônio, 1010
Jardim México • CEP 13253-400
Itatiba/SP – Brasil
Tel. Fax: (11) 4524-6997
www.casadopsicologo.com.br

Índice

Introdução 7

Por uma prática promotora de saúde em
Orientação Vocacional 9
Ana Mercês Bahia Bock e Wanda Maria Junqueira Aguiar

Contribuições para uma teoria psicossocial
da escolha da profissão 23
Laura Belluzzo de Campos Silva

A Orientação Profissional e a discussão
sobre o trabalho 45
Rogério Izidro Duran

Concepções de indivíduo e sociedade e as teorias
em Orientação Profissional.. 61
Silvio Duarte Bock

Família e escolha profissional 71
Maria Luiza Dias

O uso da técnica de *Sandplay* (caixa de areia)
no processo de Orientação Profissional
– uma abordagem junguiana 93
Patrícia Dias Gimenez

Sublimação, reparação e a escolha profissional –
Uma contribuição para compreender
a dinâmica da vocação a partir da psicanálise 117
Regina Sonia Gattas Fernandes do Nascimento

Diagnóstico de Orientação Profissional
– O uso do TAT 133
Sandra Pavone

Orientação Profissional: adultos também a procuram 149

Célia Maria Mota Amaral

O atendimento em Orientação Profissional
numa instituição pública – modelos e reflexões 157

Fabiano Fonseca da Silva

A Orientação Vocacional na universidade 171

Laura Marisa Carnielo Calejon

Identidade profissional – Uma experiência
metodológica na escola-empresa.. 185

Liomar Quinto de Andrade

Relação homem-trabalho – Campo de
estudo e atuação da Orientação Profissional 209

Maria da Conceição Coropos Uvaldo

O papel do Orientador Profissional – revisão crítica 231

Yvette Piha Lehman

Introdução

A partir de encontros frequentes em seminários, congressos etc., alguns profissionais e professores universitários que se dedicam aos desenvolvimentos teórico e prático da Orientação Profissional sentiram a necessidade de sistematizá-la e trocar experiências. O que os articulava era certa identidade determinada por "leituras" das ideias desenvolvidas por R. Bohoslavsky e por críticas ao "psicometrismo", isto é, a um processo de Orientação Profissional baseado exclusivamente em testes.

No início de 1994, organizaram-se em um grupo, dispostos a retomar a análise dos paradigmas da Orientação Profissional, visando, fundamentalmente, a colocar em discussão concepções de objeto e metodologia, por vezes abrindo espaço para a proposição de técnicas e práticas.

O que se verificou é que a Orientação Profissional, para além de uma primeira e histórica divisão entre abordagens pedagógicas e psicológicas, revelou-se um campo em que a multiplicidade de enfoques estabelece a primeira e, diríamos, quase única certeza, gerando práticas diferenciadas em função de derivações e construções motivadas pela necessidade de adequação à realidade brasileira e aos movimentos da ciência e da história.

A que se remete o indivíduo em suas escolhas? Que modelo de ser humano é tomado? Quais os determinantes socioambientais envolvidos no processo? Como delimitar as fronteiras entre a ideologia e a ciência neste campo? Quais os pressupostos teóricos utilizados? Qual a clientela a que se destina o trabalho? Que técnicas se fazem mais efetivas diante dela? Qual o sentido da escolha das carreiras? As alterações do mercado de trabalho influenciam em que medida nossa prática profissional? Questões como estas são abordadas direta ou indiretamente nos textos que se seguem, sem a pretensão de esgotar o tema. Contudo, apontam limites e possibilidades de novas articulações para uma área de atuação de psicólogos, pedagogos e outros profissionais interessados, visando a contribuir para uma área que tem sido pouco destacada nos meios científicos.

O reduzido número de títulos editados sobre o tema e a observação da visão equivocada que alguns estudantes e profissionais trazem sobre certa imediatez e simplicidade dos pressupostos da Orientação Profissional guiaram o grupo no sentido de tornar públicas as ideias discutidas. A leitura dos sucessivos textos demonstrará a complexidade e a diversidade dos enfoques e abordagens.

Este livro materializa diferentes percursos individuais, reunidos como meio para a abertura de novos horizontes científicos e didáticos. Cabe ao leitor enveredar por possíveis aproximações e contradições presentes entre os diversos autores, sendo *sua* a tarefa de remapear o campo de análise, não apenas de forma objetiva, mas, se possível, imbricando-se na reflexão de suas próprias referências e de sua identidade profissional.

Regina S. Gattas F. do Nascimento
Rogério Izidro Duran
Silvio Duarte Bock

Por uma prática promotora de saúde em Orientação Vocacional

Ana Mercês Bahia Bock[1]
Wanda Maria Junqueira Aguiar[2]

O objetivo deste texto é discutir a promoção de saúde como finalidade do trabalho em Psicologia e apresentar uma proposta em orientação vocacional fundamentada nessa concepção. Inicialmente, desenvolveremos a ideia de "promoção de saúde", seus princípios norteadores e suas bases teóricas; posteriormente, apresentaremos a proposta de trabalho em Orientação Vocacional para jovens, desenvolvida na NACE – Orientação Vocacional e Redação – e na Faculdade de Psicologia da PUC de São Paulo.

Cada vez mais se torna consensual no Brasil a ideia de que o psicólogo é um profissional da área da saúde. Pode parecer estranho que algo tão simples um dia não tenha sido consensual, mas a verdade é que não foi, e, apesar de termos chegado a essa formulação, que parece contentar a maioria, ela tem sido usada como uma palavra que envolve uma série de aspectos, às vezes bastante polêmicos, desconhecidos pelos usuários do termo.

A expressão "profissional de saúde" envolve aspectos importantes, tais como: qual a noção de saúde presente nessa expressão?

---

[1] Psicóloga. Mestre em Psicologia Social pela PUCSP. Diretora da Faculdade de Psicologia da PUCSP (Gestão 93/97). Professora de Psicologia Social e de Psicologia Educacional. Psicóloga do NACE – Orientação Vocacional e Redação.

[2] Doutora em Psicologia Social, professora do Programa de Estudos Pós Graduados em Educação: Psicologia da Educação - PUCSP, pesquisadora na área de Formação de Professores e Educação - Trabalho e Subjetividade. Membro do Instituto Silvia Lane - Psicologia e Compromisso Social.

O que significa ser *profissional* de saúde? É o especialista que cura, previne, ou promove saúde?

Questões como essas não têm sido discutidas pela categoria dos psicólogos, o que não tem impedido a expressão "profissional de saúde" ser cada vez mais aceita. É importante esclarecer aqui que não estamos discordando da utilização do termo, mas apenas procurando divulgar a ideia de que precisamos discutir uma série de questões, para que a expressão que temos utilizado possa tornar-se uma síntese de um conjunto de ideias sobre a contribuição social do trabalho do psicólogo. É nesse sentido que pretendemos contribuir.

Uma das visões vigentes hoje no Brasil, a qual pretendemos defender neste texto, é a de que o *psicólogo é um profissional que deve trabalhar para a promoção da saúde*, superando a prática da prevenção.

Por que nos referimos à promoção de saúde, e não ao trabalho preventivo?

Historicamente, a preocupação com a prevenção surge como um avanço, frente a uma situação em que as práticas médica e psicológica se voltavam unicamente para a cura. Acreditávamos que nossa tarefa se resumia a remediar em alguns casos e a curar em outros. Cabia a nós, psicólogos, tanto nos nossos consultórios, como em quaisquer instituições em que estivéssemos (escolas, creches, hospitais etc.), resolver ou minimizar problemas, sofrimentos, enfim, "doenças" já instaladas.

Surge, desse modo, reagindo a essa situação, à preocupação com a prevenção. Não podíamos esperar simplesmente que as pessoas adoecessem para daí ajudá-las.

A partir daí, a questão da prevenção tomou corpo na Psicologia no Brasil; começou a ser pensada como uma nova possibilidade de intervenção psicológica, com mais abrangência e qualidade.

No entanto, apesar do avanço da prática preventiva, no sentido de trazer para a Psicologia um questionamento sobre suas práticas, seu modelo de atuação e mesmo seus objetivos, algumas questões surgiram: como prevenir em Psicologia? Como efetivar uma prática preventiva? É possível prevenir problemas psicológicos? Quais? Que concepção de atuação psicológica o trabalho preventivo supõe?

Neste sentido, consideramos fundamental a contribuição de Bleger (1984), ao introduzir o conceito de *promoção de saúde*. Para o autor, falar em prevenção na área da Psicologia limitava-se apenas a designar uma prevenção inespecífica, que, de qualquer maneira, é um termo vago e que não ajuda a dar uma direção à prática. Além disso, a grande preocupação do autor é trazer efetivamente uma nova possibilidade de intervenção psicológica, repensando o modelo conceitual e o âmbito da intervenção.

A proposta da atuação preventiva, a nosso ver, implica uma concepção de saúde como ausência de doença, vinculando a atuação do psicólogo às patologias que ele deverá *prevenir*. Seu olhar estará voltado, portanto, para as patologias, exatamente para poder planejar uma ação que as previna. A concepção da *promoção de saúde*, ao contrário, vincula o profissional e sua atuação à saúde no sentido amplo de condições adequadas de vida e de relações sociais saudáveis; assim, ele volta seu olhar para o indivíduo inserido no contexto sociocultural em que vive, exatamente para poder planejar uma ação capaz de contribuir para a *promoção da saúde*.

Isso posto, chegamos ao centro de nossa questão: é possível uma prática psicológica com o objetivo de promover saúde?

Ao responder a essa questão, não nos estamos esquecendo de que a prática curativa em Psicologia é válida e necessária. No entanto, munidos das concepções apontadas e da preocupação em desenvolver um trabalho que tenha maior abrangência, e fundamentalmente um trabalho psicológico que não mais enfoque a *doença*, mas sim a saúde, é que pensamos a *promoção de saúde*.

Promover saúde significa compreender o indivíduo e trabalhar com ele a partir de suas relações sociais; significa trabalhar tais relações construindo uma compreensão sobre elas e sua transformação necessária. Promover saúde significa trabalhar para ampliar a consciência do indivíduo sobre a realidade que o cerca, instrumentando-o para agir, no sentido de transformar e resolver todas as dificuldades que essa realidade lhe apresenta.

Neste trabalho de Promoção de Saúde, nós, psicólogos, atuaremos sempre com o *objetivo* de contribuir para que as pessoas envolvidas tenham uma maior consciência de si como indivíduos históricos e inseridos socioculturalmente. A nossa intervenção deve dar-se no sentido de criar condições para que os indivíduos apreendam suas determinações, sua história e seus conflitos, caminhando para uma compreensão de si e do outro menos preconceituosa, estereotipada e ideológica. Poderíamos dizer que o psicólogo, neste tipo de atuação, aparece como aquele que vai criar condições para que o indivíduo e o grupo ressignifiquem suas percepções, conhecimentos e sentimentos, compreendendo-se como mediação da totalidade social mais ampla.

Em síntese, ao trabalharmos voltados para a ressignificação das relações e das experiências vividas, acreditamos estar promovendo saúde, porque criaremos condições para que os indivíduos, de posse de uma postura de indagação e estranhamento diante do familiar, aliada a uma compreensão menos ideológica do mundo, desenvolvam uma consciência de si e do processo de construção de si mesmos e do mundo. O indivíduo adquirirá condições de construir projetos de vida, organizando suas ações e intenções baseado nas possibilidades e nas necessidades.

Essa concepção de promoção de saúde supõe, a nosso ver, uma determinada visão de Homem, aqui visto como um ser sócio-histórico.

O que a Natureza dá ao Homem quando ele nasce não é suficiente para lhe garantir a sobrevivência na sociedade. Ele precisa adquirir uma série de aptidões, aprender formas de satisfação das necessidades, as quais são sociais. O Homem adquirirá essas aptidões, incluindo-se todas as possibilidades cognitivas, físicas, emocionais, apropriando-se da *cultura* criada por gerações precedentes.

O Homem aprende a ser Homem, afirma Leontiev (1978). Assim, suas condições biológicas permitem-lhe apropriar-se da cultura e formar as capacidades e funções psíquicas. Bock não exagera quando afirma que a única aptidão inata no Homem é a que existe para formar outras aptidões.

O mundo social, objetivo, apresenta todas as aptidões já desenvolvidas por gerações anteriores cristalizadas em seus objetos e instrumentos de arte, de trabalho, de descanso, enfim, no seu conjunto cultural. Ao manusear esses objetos, o Homem está apropriando-se do mundo, pois desenvolve atividades que reproduzem os traços essenciais da atividade acumulada e cristalizada nesses produtos da cultura. A criança que aprende a manusear um lápis está, de alguma forma, submetida à forma, à consistência, enfim, às possibilidades e aos limites do objeto lápis. As habilidades humanas que utilizam o lápis como seu instrumento estão cristalizadas nessa forma, nessa consistência, nesses limites e nessas possibilidades. E aí se dá a "mágica", quando do lápis o pequeno homem retira as habilidades de rabiscar, escrever e desenhar.

Esse processo acontece com todas as aptidões do Homem. Elas surgem da relação estreita que mantém com os instrumentos de sua cultura. O Homem, ao nascer, é candidato à humanidade e adquire-a por esse processo de apropriação. "Podemos dizer que cada indivíduo aprende a ser um homem. O que a natureza lhe dá quando nasce não lhe basta para viver em sociedade. É-lhe ainda preciso adquirir o que foi alcançado no decurso do desenvolvimento histórico da sociedade humana" (LEONTIEV, 1978).

É importante firmar que esse processo de relação do Homem com seu meio é sempre intermediado pelos outros homens. Assim, a apropriação é realizada imersa em relações sociais, o que faz com que o Homem não se aproprie apenas de objetos, mas também da visão de mundo, isto é, dos significados sociais que lhe são apresentados por outros homens.

A *linguagem* é, portanto, um dos mais importantes instrumentos culturais dos quais o Homem se apropria. Para Bakhtin (1992), a linguagem é essencial, pois o mundo psíquico é um mundo de significações.

Fica clara a importância do acesso democrático às informações, aos objetos da cultura, às experiências sociais para que haja um desenvolvimento pleno do Homem. A desigualdade social que caracteriza nossas sociedades do Terceiro Mundo é geradora de desigualdades no acesso à cultura e, portanto, geradora de desigualdades nas capacidades e aptidões do Homem.

Poderíamos agora nos perguntar: o que caracteriza o humano do qual falamos?

Algumas propriedades ou características que fazem do animal homem um ser humano são: o trabalho e a utilização de instrumentos, a criação e a utilização da linguagem, e a possibilidade de desenvolver uma compreensão do mundo que o rodeia.

O Homem, diferentemente dos outros animais, compreende o que ocorre a sua volta. O Homem relaciona as informações que apreende do mundo exterior e o conceitua. A consciência reflete o mundo objetivo; é a construção, no nível subjetivo, da realidade objetiva. No entanto, sabemos que a compreensão que o Homem desenvolve não se encontra sempre como saber consciente-conhecimento. O Homem sabe o mundo de várias formas: por meio dos vários modos de consciência verbal, mediante as emoções, os sentimentos e por meio também do inconsciente. A consciência, incluída a consciência de si (identidade) e todo saber consciente, as emoções e os sentimentos e o inconsciente, entendido aqui como uma "espécie de consciência não oficial, que se afasta das normas socialmente aceitas e prefere um discurso do tipo interno", de acordo com Bakhtin (1992), constituem o que chamamos *subjetividade* ou *mundo interno*.

Essas concepções sistematizadas pela Psicologia Soviética, fundamentalmente por autores como Leontiev, Vigotsky e Bakhtin, vêm sendo desenvolvidas e estudadas no Brasil, principalmente na Psicologia Social, entendida por nós como uma área de conhecimento dentro da Psicologia, a qual vem desenvolvendo conhecimentos sobre a natureza social do psiquismo humano, ou seja, estudando a subjetividade na sua relação com o mundo objetivo. Essa área, em algumas universidades brasileiras, em especial na PUC de São Paulo, sob a coordenação da Profa. Dra. Silvia T. M. Lane, vem recebendo várias contribuições para a construção de uma nova Psicologia Social de base materialista histórica.

Por uma prática promotora de saúde em Orientação Vocacional

Esforços são feitos, na Psicologia Social, a fim de desvendar a função ideológica que tem cumprido, em nossa sociedade, a noção de Natureza Humana, que embasa quase todo nosso conhecimento em Psicologia. Nossos esforços têm sido na direção de negar a existência de uma Natureza Humana, no sentido de uma essência universal e eterna. A partir da ideia de Natureza Humana, portanto, não há necessidade de situar o Homem historicamente, nas suas condições concretas de vida, pois seu desenvolvimento é visto como a atualização dessa natureza, isto é, algo já contido no Homem, que desabrocha no decorrer da vida.

A Psicologia, ao estudar dessa forma o Homem, faz um trabalho retórico de ocultamento das condições sociais que geram a desigualdade e os indivíduos atomizados, passando a fazer parte do aparato ideológico que nos impede de enxergar e compreender a realidade social e, com ela, a realidade psíquica.

Consideramos, por exemplo, que Freud estava correto ao postular que o desenvolvimento da sexualidade caminha para a genitalidade. No entanto, é preciso conceber esse caminho como histórico. O Homem construiu uma civilização que, no seu desenvolvimento, priorizou a sexualidade genital. Assim, ela não é natural do Homem; é social e construída historicamente.

Na nossa concepção, não existe Natureza Humana, e sim *condição humana*. O Homem tem necessidades e, por ser um ser inacabado, os comportamentos que as satisfazem são *construídos*. As necessidades humanas são satisfeitas por condutas sociais. O Homem constrói, desse modo, conjuntamente com outros homens, em relações sociais mediadas pela linguagem, as formas de satisfação de suas necessidades. Essas são as condições humanas.

O Homem é para nós um ser rico em possibilidades. Seus limites e condições estarão dados pela sociedade – cultura e relações sociais. Um ser plástico, que se movimenta no decorrer de sua vida, num processo permanente de transformação, mesmo que as mudanças não sejam visíveis. Um Homem em *movimento* e em processo de construção de seu mundo e de si próprio.

Orientação Vocacional: um trabalho para a promoção de saúde

Quanto à experiência, relataremos o trabalho com grupos de adolescentes, em Orientação Vocacional, no qual colocamos como finalidade última de nossa intervenção a *promoção de saúde*, pois buscamos criar condições para que os indivíduos possam, no grupo, por meio dos vínculos nele vividos, conhecer-se melhor como sujeitos concretos, percebendo suas identificações e singularidades, percebendo e analisando suas determinações, ampliando e transformando, desta maneira, sua consciência e adquirindo, assim, melhores condições de organizar seus projetos de vida e especificamente, no momento, fazer sua escolha profissional.

A experiência desenvolve-se em um serviço particular de atendimento a jovens de catorze a 21 anos, para orientação vocacional. Trabalham no local sociólogos, psicólogos e pedagogos.

Esse trabalho em Orientação Vocacional constitui-se uma atividade promotora de saúde, na medida em que é estimuladora e promotora de reflexões sobre a própria adolescência – suas dúvidas, suas buscas e possíveis identificações; suas questões a respeito do mundo adulto e da sociedade onde vive.

A orientação vocacional, a nosso ver, constitui-se algo mais do que um momento para a "descoberta" da profissão a seguir. É um processo em que emergem conflitos, estereótipos e preconceitos que devem ser trabalhados para sua superação; a desinformação é enfrentada e possíveis caminhos são traçados; o autoconhecimento adquire o *status* de algo que se constrói na relação com o outro, e não como algo que se dá a partir de uma reflexão isolada, descolada da realidade social, ou que se conquista por meio de um esforço pessoal.

Dessa maneira, acreditamos que a Orientação Vocacional pode ser um trabalho de promoção de saúde.

O trabalho processa-se em quinze encontros de grupo, de duas horas cada. Está dividido em módulos que aglutinam sessões com objetivos gerais comuns e um conjunto de atividades diversificadas. É importante destacar que a divisão em módulos explicita

Por uma prática promotora de saúde em Orientação Vocacional 17

uma ênfase dada a alguns objetivos, num determinado momento, o que não impede que esses mesmos objetivos permeiem outros momentos do processo. Todo o trabalho está baseado na troca de experiências e de concepções entre os jovens e na reflexão conjunta organizada e coordenada pela equipe de profissionais sobre o "processo de escolha da profissão e seus determinantes."

O *primeiro módulo* objetiva discutir o significado da escolha profissional na vida do indivíduo, ou seja, qual o peso efetivo da escolha profissional na determinação do futuro de uma pessoa e alguns determinantes desse processo de escolha.

Para isso, uma pergunta é apontada como tema: "Será verdade que a escolha mais importante que um ser humano realiza em toda a sua vida é a de sua profissão?" A partir daí, torna-se possível a discussão e a reflexão sobre uma série de valores. Por exemplo, é comum os manuais de informação profissional e os materiais publicados pela imprensa difundirem a ideia de que, quando o indivíduo erra na sua escolha, corre grande risco de fracassar na vida profissional. Tal visão procura redimir a responsabilidade do sistema social na escolha e no sucesso profissional do indivíduo, encobrindo os determinantes sociais do fracasso. Assim, o indivíduo é considerado o único responsável.

No trabalho de Orientação, procuramos estimular a reflexão sobre a multiplicidade de aspectos envolvidos na construção do futuro de uma pessoa. Na perspectiva de discutir tais determinantes, introduzimos alguns outros temas, como a relação entre família e a escolha profissional. Nesta direção, temos observado que, hoje, a família em geral não impõe de forma rígida o caminho profissional de seus filhos, como ocorria antigamente. Entretanto, a partir de uma visão mais liberal, a família deposita uma grande expectativa sobre ele, controlando seus passos. Na medida em que o jovem escolhe uma profissão que não corresponde à expectativa familiar, os problemas surgirão de forma violenta, muitos dizendo respeito à sexualização das ocupações.

Quando o filho escolhe uma profissão que preconceituosamente não está de acordo com a visão sexista das ocupações, a intervenção da família se tornará dura. Por meio dessa discussão, acreditamos criar condições para que o jovem reflita sobre sua relação familiar, ressignificando-a, desvelando aspectos até então encobertos ou mal compreendidos. Terá a possibilidade também de refletir e posicionar-se frente às expectativas familiares e sociais sobre sua escolha.

Outro item discutido é a relação entre mercado de trabalho e escolha profissional. Até que ponto se deve priorizar esse item na escolha? No momento em que ela ocorre, o jovem tende a idealizar seu futuro, o que não é ruim, mas, sem perceber, idealiza a sociedade e o mercado de trabalho, que aparece como imutável, como um fenômeno isolado, cristalizado e sem movimento. Nosso esforço é para que o jovem compreenda o mercado como um fenômeno conjuntural, determinado pela dinâmica da sociedade capitalista.

O mercado é um fator importante a ser considerado na escolha, mas desde que compreendido nessa perspectiva dinâmica.

Outra questão relevante na reflexão dos jovens é a influência dos próprios colegas, ou do grupo de iguais, no processo de escolha. O grupo de amigos, sem dúvida, constitui um fator de pressão, às vezes mais autoritário do que a família, impondo valores e comportamentos.

Os meios de comunicação de massa também deverão ser discutidos como um fator de pressão e de grande interferência nas escolhas dos jovens.

Outra característica do adolescente bastante observada por nós é a tentativa de afirmar uma grande autonomia nas suas decisões: ele acredita que escolhe sozinho, e que nada interfere nas suas escolhas a não ser a sua vontade. Dessa maneira, a família, o grupo de amigos e os meios de comunicação de massa não são vistos como determinantes de suas escolhas; os jovens acreditam que tais elementos fornecem apenas algumas dicas, mas não percebem seu peso, seu aspecto essencial enquanto determinantes da escolha que fazem. Cabe a nós, portanto, criar condições, por intermédio de técnicas e de atividades grupais, para que o jovem se defronte

Por uma prática promotora de saúde em Orientação Vocacional 19

com tais questões e reflita sobre elas, aprofundando e conhecendo cada vez mais a realidade em que vive. Nossos esforços direcionam--se para que o jovem compreenda que a escolha é, sim, um processo individual – o momento da decisão é um momento de cada um –, mas as determinações desse processo são múltiplas.

Nossa experiência tem mostrado que o jovem dá um grande salto em seu processo de escolha da profissão quando compreende o caráter social de seu processo individual. Perceber que o sofrimento que vive pela dificuldade na escolha é construído socialmente, em função de uma sociedade que valoriza a produtividade e alia grau de cultura a prestígio social, é de extrema relevância para o amadurecimento e o desenvolvimento do processo de decisão. Torna-se, assim, objetivo deste módulo a reflexão e a compreensão dos determinantes sociais da escolha profissional.

O *segundo módulo* tem a tarefa central de discutir o tema do trabalho, com discussões que objetivam, a partir de uma visão econômica, situar o jovem no âmbito do trabalho, visto como um processo social, estimulando-o a refletir sobre as condições em que ocorre o trabalho em nossa sociedade.

Nesse módulo, torna-se fundamental apontar para o jovem que a escolha profissional não está centrada na escolha de uma faculdade ou de um curso, mas sim de um trabalho.

A atividade desenvolvida é dinâmica e propõe aos grupos que construam uma unidade produtiva no setor primário (agricultura) e outra no setor secundário (indústria), procurando observar todos os aspectos necessários para que tenhamos um produto ao final do processo – que material é necessário, que instrumentos e máquinas, que pessoas e com que funções e especializações.

Essa atividade, simples, em certo sentido, permite de maneira surpreendente que o jovem compreenda que qualquer trabalho implica uma resposta a necessidades ou interesses sociais; que qualquer trabalho implica processo, organização e divisão desse processo, envolvendo várias pessoas e inserindo-se em uma sociedade que lhe dá valor.

O jovem compreende que muitas de suas dúvidas sobre *status*, prestígio, remuneração podem ser respondidas considerando-se esta inserção social do trabalho.

O *terceiro módulo* tem por objetivo o autoconhecimento e a informação profissional.

No aspecto referente à informação profissional, procuramos criar condições para que os jovens possam ter acesso à maior quantidade possível de informações a respeito das profissões: suas características, aplicações, cursos, requisitos, locais de trabalho etc. Nessa atividade, é fundamental não só a quantidade e a variedade de informações, mas também a qualidade delas. É necessário que as informações sejam realistas, que reflitam as reais condições dos cursos e da própria profissão, pois somente assim poderá haver escolhas conscientes. Desta forma, mesmo aquelas informações que apresentam os problemas vividos pelos profissionais de determinadas áreas devem ser analisadas, contribuindo para que o jovem construa uma visão crítica não só da sua escolha, mas também da sociedade onde vive.

Na esfera do autoconhecimento, não nos limitamos apenas à identificação de aptidões, de interesses e de características de personalidade. Interessa-nos, fundamentalmente, ultrapassar a identificação desses aspectos pessoais e buscar a gênese do aparecimento de tais características.

Tentamos captar mais concretamente como o indivíduo se apresenta no momento da escolha, mostrando-lhe que ele tem uma história de vida por detrás dela. Nessa história, pode ter vivenciado interesses e aptidões e deve procurar posicionar-se frente a eles, percebendo que, se não determinam em absoluto a escolha, indicam alguns caminhos.

Nesse módulo trabalhamos ainda com a ideia de que o autoconhecimento é um processo contínuo, e os interesses e as aptidões, assim como características de personalidade, não são estáticos, mudando conforme a experiência e o tempo.

A nosso ver, a escolha profissional, como tantas outras na vida, expressa uma resposta possível, em um momento do indivíduo,

Por uma prática promotora de saúde em Orientação Vocacional　　　21

e constitui-se e organiza-se como um dos aspectos da subjetividade numa relação direta com o mundo objetivo. Assim, a escolha, inevitavelmente, será gestada a partir da história do indivíduo e poderá dar-se com maior ou menor consciência das determinações essenciais. Acreditamos que a melhor escolha é aquela que o jovem realiza a partir de um mais amplo conhecimento de si, como ser histórico, determinado pela realidade social, e maior conhecimento das possibilidades profissionais oferecidas pela sua sociedade. Além disso, é importante trabalhar para que o jovem se compreenda como ser em movimento, que pode mudar seus interesses e suas possibilidades no decorrer de sua vida.

Resta ainda destacar que o fato de concebermos o indivíduo como histórico e socialmente determinado não nos impede de compreendermos o ato de escolha como responsabilidade do sujeito singular. Todas as determinações são articuladas no nível do indivíduo, e a escolha, que é determinada socialmente, é um momento e um ato do indivíduo, na sua singularidade. A escolha é um ato de coragem do jovem, que decide, naquele momento, o que quer e o que está disposto a perder. É um momento importante da construção da sua individualidade.

Esse trabalho relatado significa, para nós, um avanço na contribuição social do trabalho dos psicólogos. Assume-se aqui, no discurso e na prática, a visão do Homem como um ser em permanente movimento, que pode e deve estar sempre alterando seu meio e a si próprio, ou seja, assume-se a visão de que o Homem é um ser em permanente metamorfose.

Acreditamos também que nossa contribuição significa um avanço na proposta de trabalho para os psicólogos, pois abandona as formas imediatista, pragmática e curativa que o trabalho dos psicólogos vêm tendo em nossa sociedade, para se apresentar como um *projeto social de trabalho.*

Referências

BLEGER, J. *Psico-higiene e Psicologia institucional*. Porto Alegre: Artes Médicas, 1988.

BAKHTIN, M. *Marxismo e filosofia da linguagem*. São Paulo: Hucitec, 1992.

BOCK, S. D. Trabalho e profissão. In: Conselho Regional de Psicologia (6ª região) e Sindicato dos Psicólogos no Estado de São Paulo. *Psicologia no Ensino de II grau* – urna proposta emancipadora. São Paulo: Edicon, 1986.

_____. Escolha profissional: vocação ou sobrevivência?. *Revista Transformação*, Brasília, MTb, 1989.

LANE, S. M. A Psicologia social e uma nova concepção de homem para a Psicologia. In: LANE, S.; CODO, W. (Org.). *Psicologia social*: o Homem em movimento. São Paulo: Brasiliense, 1984.

LEONTIEV, A. *O desenvolvimento do psiquismo*. Lisboa: Livros Horizonte, 1978.

STAM, R. *Bakhtin*: da teoria literária à cultura de massa. São Paulo: Ática, 1992.

VIGOTSKY, L. S. *A formação social da mente*: o desenvolvimento dos processos psicológicos superiores. São Paulo: Martins Fontes, 1984.

Contribuições para uma teoria psicossocial da escolha da profissão[1]

Laura Belluzzo de Campos Silva[2]

Este trabalho tem como objetivo trazer algumas contribuições para uma teoria psicossocial da escolha da profissão, partindo das colocações de Bohoslavsky e da teoria sociológica de Bourdieu.

As teorias vocacionais podem ser classificadas em psicológicas, sociológicas e econômicas, dependendo do determinante que privilegiam para explicar a escolha profissional. Entretanto, o que se pode constatar do exame dessas teorias é o fato de que estas apresentam explicações parciais da problemática vocacional, dependendo da disciplina de que derivam. Desta forma, as teorias psicológicas atêm-se às características pessoais dos indivíduos e aos processos psíquicos que governam suas escolhas profissionais, considerando as estruturas social e econômica como condições dadas que meramente impõem os limites nos quais esses processos psicológicos operam. Já as teorias econômicas examinam o modo pelo qual a estrutura de salários e outros fatores econômicos canalizam o fluxo da força de trabalho, desconsiderando, no entanto, os processos psicológicos por meio dos quais essas forças socioeconômicas se tornam efetivas. As teorias sociológicas, por sua vez, focalizam

---

[1] Este trabalho é uma síntese da dissertação de mestrado apresentada pela autora ao Instituto de Psicologia da Universidade de São Paulo em 1991, pesquisa que contou com financiamento da FAPESP.

[2] Psicóloga (USP), especialista em Psicologia Clínica, mestre e doutora em Psicologia Social (USP) e pós-doutoranda em Psicologia Clínica (PUC-SP). Autora do livro *A escolha da profissão: uma abordagem psicossocial* (São Paulo: Unimarco, 1996). Professora e pesquisadora nas áreas de Orientação Vocacional e Saúde Mental. Coordenadora do curso de Psicologia do Centro Universitário Paulistano - Unipaulistana.

a estrutura social estratificada, em detrimento das características dos indivíduos ou da organização da economia, analisando os efeitos do *status* dos pais sobre as oportunidades da criança, sem, no entanto, explicitar os mecanismos através dos quais tais efeitos se reproduzem.

As iniciativas interdisciplinares constituem exceção, a exemplo da teoria de Blau et al. (1968), embora, como reconhecem os próprios autores, se trate antes de um esquema conceitual do que propriamente de uma teoria, na medida em que carece de comprovação empírica.

Em que pese, portanto, o fato de a problemática vocacional permitir diversos enfoques, o que por si só já fala a favor da necessidade de uma abordagem interdisciplinar, prevalece a dicotomia indivíduo-sociedade.

Se, por um lado, se têm explicações que enfatizam os determinantes estruturais envolvidos no processo de escolha, tais concepções não explicitam os mecanismos por meio dos quais essas determinações são vividas e atualizadas na experiência concreta dos sujeitos. Corre-se o risco de considerar o agente social como mero executante de algo que se encontra objetivamente programado e que lhe é exterior. Por outro lado, nas teorias psicológicas, a ênfase recai sobre características ou processos psíquicos isolados, pois, embora façam referência à importância do meio, não propõem uma conceituação adequada para os fatores ambientais.

É importante ressaltar, no entanto, que as chamadas teorias vocacionais sociológicas e econômicas não se debruçaram especificamente sobre a problemática vocacional, na medida em que foram "tomadas de empréstimo" das teorias mais amplas (Ferretti, 1988, p. 23), sendo nítido o predomínio das teorias psicológicas, fato que pode ser explicado por fatores históricos e ideológicos. De modo geral, o que se pode constatar do exame das teorias psicológicas, e que é corroborado por sua origem histórica, é que estas foram elaboradas à guisa de fundamentos para as técnicas de orientação vocacional de tal forma que se caracterizam por um aspecto normativo, visando, em última instância, à otimização da escolha profissional, ou seja, à efetivação, por parte do sujeito da escolha, de uma opção profissional consciente, adaptada, ajustada, conforme a terminologia adotada por cada teoria.

Nesse sentido, tais teorias situam-se no âmbito restrito das condições que as tornaram possíveis: o ideal liberal de escolha. Se é plausível supor que a ideologia de ascensão social e de oportunidades iguais para todos perpassa todos os estratos socioeconômicos, e que, portanto, o conflito relativo à escolha da profissão pode manifestar-se, ao menos enquanto representação subjetiva, em indivíduos dos diversos segmentos socioeconômicos, não é menos verdade que o alcance de tais teorias e, consequentemente, de técnicas, seja limitado às situações em que tais conflitos têm condições efetivas de serem resolvidos. Seria exigir muito das teorias de escolha, tal como são formuladas, que dessem conta dessas questões, pelo simples fato de que se situam aquém, em suas formulações, dos determinantes socioeconômicos, que são os determinantes primeiros da colocação profissional.

As teorias assim formuladas restringem-se, portanto, aos limites em que elas próprias se configuram: confiando (e confinando) a mecanismos psicológicos a eficácia de sua ação, todos os conflitos que se situam para além desse domínio são ignorados ou psicologizados.

Comparada às teorias psicológicas descritas, o modelo proposto por Bohoslavsky (1980) introduz diversos conceitos que vão permitir uma compreensão mais aprofundada da problemática vocacional.

Afirmando que a análise da situação de quem escolhe não se esclarece a partir de uma perspectiva exclusivamente psicológica, o autor enfatiza a necessidade da articulação entre indivíduo e sociedade, explicitando que, de todos os problemas que tal articulação implica, só se refere à dialética das identificações, e que esta, embora seja determinante da pessoa (e, portanto, de suas identidades vocacional e profissional), não é determinante em última instância. Bohoslavsky considera o conceito de identidade adequado como tentativa de criar um modelo dos problemas de orientação vocacional, devido à própria natureza do conceito, no qual se evidenciam as duas correntes que intervêm na escolha de uma profissão: a coerência da percepção social e a continuidade interior. Segundo o autor, trata-se de um conceito útil para integrar os fatores internos e externos, para articular as expectativas dos outros a respeito dos indivíduos e de sua coerência ou não com as expectativas, as aspirações, o ideal do ego, a adequação do nível de expectativas às possibilidades etc.

Além disso, para explicar o que seria vocação, o autor recorre à teoria kleiniana, utilizando o conceito de reparação. A profissão escolhida seria a depositária exterior do objeto interno que clama por ser reparado. Sugere que se entenda o conceito de reparação como variável independente e a identidade ocupacional como variável dependente desta. Entre outras coisas, assinala Bohoslavsky, isso explica como um adolescente pode fantasiar seguir carreiras muito diferentes, aparentemente até incompatíveis, mas que, num plano profundo, ao nível da lógica inerente aos processos primários, representam para ele o mesmo. Partindo desse referencial teórico, o objeto com que se trabalha, *se há possibilidade de escolha*, será sempre o depositário de um objeto interno que clama por reparação.

Ao incluir a dimensão simbólica na análise – tanto do comportamento de escolha como das ocupações –, inserindo o processo de escolha na singularidade do sujeito e enfatizando o trabalho de construção social cristalizado nas ocupações, o autor não só redimensiona a forma de tratar esses "dados", que são agora circunstâncias prenhes de significação, como estabelece uma relação dialética entre indivíduo e ocupação.

Por outro lado, ao propor que as escolhas são motivadas pela reparação de objetos internos, o autor o faz com reservas, afirmando que a escolha será reparatória desde que o indivíduo possa escolher. Essa ressalva, na medida em que o autor não a explicita claramente, nos autoriza a fazer algumas suposições:

Contribuições para uma teoria psicossocial da escolha da profissão

- existe um fator limitante ou condicionante à escolha reparatória;
- nem todos têm a mesma possibilidade de escolher uma profissão;
- existem situações em que a relação entre o indivíduo e a profissão configura-se como sendo de não escolha.

Parece-nos lícito supor que essas limitações se devem a variáveis socioeconômicas, ou melhor, às condições socioeconômicas que permitem escolhas reparatórias ou não, uma vez que as variações individuais são explicadas pelo autor em termos das diferentes modalidades de reparação (autêntica, maníaca etc.).

É plausível supor ainda que a escolha fundada em mecanismos reparatórios seja privilegiada por Bohoslavsky como ideal, em termos de saúde mental, que norteia os objetivos a serem alcançados pela orientação vocacional por meio da estratégia clínica, proposta pelo autor. Trata-se, portanto, de um preceito normativo que deixa em aberto a questão de saber em que condições a escolha da profissão pode ser reparatória ou não.

Em publicação posterior, Bohoslavsky (1983, p. 14) retoma essa questão, enfocando a problemática vocacional partindo do conceito de sobredeterminação:

> A escolha é multi e sobredeterminada: as contradições sociais, tanto quanto as necessidades do sistema de se reproduzir, expressam-se por meio de demandas, apelos ou chamadas do sujeito através de: a) a família, b) a estrutura educacional e c) os meios de comunicação de massa, que vão cristalizando a ideologia do sistema social pela representação das profissões, das suas relações, dos requisitos pessoais para se ter acesso a elas, seu sentido social e o próprio valor do trabalho e organização, o sistema de compensações materiais e morais alcançáveis etc. Estas representações, cristalizadas sob a forma de uma ficção ocupacional, constituem, ao lado de outros valores, tais como "são" ou "doente", o material representacional do superego, e do ideal do ego dos sujeitos

vocados. (...) As contradições subjetivas remetem em última instância à dialética do desejo e seu enquadramento na estrutura que a Psicanálise define como aparelho psíquico. Esta estrutura, isto é, esse sistema de oposições, mediante os processos de identificação, dos quais não só o superego, o ideal do ego, mas o próprio ego são o efeito, vai reproduzindo o sistema social no sujeito, promovendo a colocação daquele que escolherá em lugares que a estrutura social lhe determina. Não é o adolescente que escolhe, pelo contrário é escolhido.

Aqui Bohoslavsky desloca-se do âmbito predominantemente normativo em que se situava anteriormente para o âmbito descritivo. Trata-se de falar de escolha, e de escolha adequada; para tanto, é preciso, antes de mais nada, que se tenha um modelo teórico amplo capaz de explicar todas as possibilidades concretas que a realidade nos oferece. E esse campo de possíveis não se restringe à análise de variáveis individuais; é no percurso que vai do social ao psíquico que se podem compreender as vicissitudes da escolha.

É sugestivo que neste texto Bohoslavsky (1983, p. 15) não se refira à reparação, postulando uma dupla determinação da escolha: "reconhecemos no sistema produtivo e nos desejos do sujeito a determinação em última instância do vocante, e no Ego de um sujeito-sujeitado, a instância de reconhecimento, desconhecimento das demandas, daí as respostas vocadas."

Podemos concluir, portanto, que não se trata mais de falar apenas em escolhas reparatórias, mas de todos os tipos possíveis de escolha.

Essas afirmações parecem confirmar nossa hipótese de que a escolha reparatória seria um conceito normativo – que diz respeito à qualidade ideal da escolha, daquilo que seria bom e desejável, em termos de saúde mental, mas que não é a regra.

Bohoslavsky e Bourdieu – Articulações possíveis

A colocação formulada por Bohoslavsky pode ser traduzida nos seguintes termos: de que modo as exigências do sistema produtivo são interiorizadas e articuladas com o desejo, gerando a escolha profissional?

A teoria da prática de Bourdieu parece-nos pertinente para o estudo dessas questões na medida em que oferece subsídios para a compreensão da mediação indivíduo-sociedade; é ponto central na teoria de Bourdieu que as condições objetivas de vida são interiorizadas gerando *o habitus,* conjunto estruturado de disposições que irá, por sua vez, presidir as ações diante de situações e estímulos. Trata-se, portanto, da interiorização da exterioridade, e da exteriorização da interioridade, ou, dito de outra forma, dos mecanismos internalizados que subjazem ao comportamento.

> As estruturas que são constitutivas de um tipo particular de ambiente (isto é, as condições materiais de existência características de uma condição de classe e que podem ser apreendidas estatisticamente sob a forma de regularidades associadas a um ambiente socialmente estruturado, produzem *habitus,* sistemas de disposições duráveis, estruturas estruturadas predispostas a funcionar como estruturas estruturantes, isto é, como princípio que gera e estrutura as práticas e as representações que podem ser objetivamente regulamentadas e reguladas, sem que por isso sejam o produto de obediência a regras, objetivamente adaptadas a um fim, sem que se tenha necessidade de projeção consciente deste fim ou do domínio das operações para atingi-lo, mas sendo, ao mesmo tempo, coletivamente orquestradas, sem serem o produto da ação organizadora de um maestro. (Bourdieu, 1972, p. 175)

> O *habitus* se apresenta, pois, como social e individual; refere-se a um grupo ou a uma classe, mas também ao elemento individual; o processo de interiorização implica sempre internalização da objetividade, o que ocorre certamente de forma subjetiva, mas

que não pertence exclusivamente ao domínio da individualidade. (Ortiz, 1983, p. 17):

Se analisarmos o processo de interiorização tal como descrito por Bourdieu, torna-se evidente a necessidade de um modelo do funcionamento psíquico, ainda que este não esteja explícito em sua teoria. Podemos fazer, portanto, algumas articulações entre as concepções propostas por Bourdieu e a Psicanálise, acrescentando que a condição para a interiorização dos interditos sociais, independentemente de seu conteúdo, fundamenta-se nos princípios do funcionamento psíquico, a saber, princípio do prazer e princípio da realidade.

Tendo em vista que, na teoria de Bourdieu, as condições objetivas de vida são geradoras, na medida em que são interiorizadas simbolicamente sob a forma de preceitos éticos – o "isso não é para nós", a que Bourdieu se refere (1980, p. 107) –, de padrões de comportamento e estratégias diante das situações novas que se apresentam, podemos encontrar um paralelo com a teoria psicanalítica que postula que as primeiras experiências formam um crivo perceptivo, um "clichê afetivo a partir do qual as situações novas são percebidas."

Considerando o processo de socialização à luz da teoria psicanalítica, veremos que o superego é a internalização de todas as restrições a que o ego tem de se curvar, e é imposto à criança pela influência decisiva dos pais, recebendo posteriormente contribuições de sucessores e substitutos destes, tais como professores e modelos da vida pública de ideais sociais admirados.

Esta influência parental naturalmente inclui em sua operação não somente a personalidade dos próprios pais, mas também a família, as tradições raciais e nacionais por eles transmitidas, bem como as exigências do meio social imediato que representam. (Freud, 1938, p. 71)

Se, conforme propõe Rodrigues (1978, p. 23), retiramos da expressão "exigências do meio social imediato" seu caráter vago, entendendo-a como as condições objetivas de vida próprias a determinada classe ou segmento social, podemos articular a teoria freudiana à teoria sociológica de Bourdieu.

Essas colocações estão de acordo, aliás, com as de Schneider (1977), para quem a socialização diferencial segundo o estrato socioeconômico engendra diferenças específicas na formação do superego e na utilização dos mecanismos de defesa.

Portanto, a ideia, presente em Bohoslavsky, de que a estrutura social vai sendo reproduzida no sujeito mediante processos de identificação, dos quais não só o superego, o ideal do ego, mas o próprio ego são efeito, encontra eco na teoria de Bourdieu (1980), para quem o processo de "mimetismo", entendido como um processo de aquisição prática das estruturas fundamentais e dos esquemas próprios a um determinado grupo social, implica uma relação global de identificação, e não tem nada de uma imitação que supõe o esforço consciente para reproduzir um ato, uma palavra ou um objeto constituído como modelo, constituindo-se antes como identificação emocional.

Dessa forma, pode-se concluir que o sistema de identificações peculiar a cada indivíduo tende a reproduzir simbolicamente a estrutura de relações sociais próprias à classe social a que a família pertence e, ainda, os deslocamentos no espaço social que constituem sua trajetória social.

Pensamos que é isso que Erickson (1976, p. 60) quer dizer quando afirma: "[...] aquilo que pode ser chamado o espaço-tempo do ego de um indivíduo preserva a topologia social do ambiente de sua infância, assim como os contornos de sua imagem corporal."

As identificações com profissionais veiculam não somente uma tonalidade afetiva, mas também os atributos sociais que esses profissionais detêm.

As relações, gratificantes ou frustradoras, com pessoas que desempenham papéis sociais – parentes, amigos, outros – com as quais a criança se identifica, consciente ou inconscientemente, tendem a pautar o tipo de relação com o mundo adulto em termos de ocupações. As ocupações são consideradas sempre em relação às pessoas que as exercem. Portanto, as ocupações que fazem parte do espaço psicológico das pessoas jamais gozam de neutralidade afetiva. (Bohoslavsky, 1980, p. 57)

Entretanto, cabe esclarecer aqui que não estamos adotando uma perspectiva interacionista, segundo a qual as relações "interpessoais" podem ser explicadas apenas pela relação de indivíduo a indivíduo, e sim partindo da teoria da prática de Bourdieu (1972, p. 184), para quem

a verdade da interação nunca reside inteiramente na interação: coisa que a psicologia social e o interacionismo ou a etnometodologia esquecem quando, reduzindo a estrutura objetiva da relação entre os indivíduos agrupados à estrutura conjuntural de sua interação numa situação e grupo particulares, querem explicar tudo o que se passa numa interação experimental ou observada pelas características experimentalmente controladas da situação, como a posição relativa no espaço dos participantes ou a natureza dos canais utilizados. É sua posição presente e passada na estrutura social que os indivíduos, entendidos como pessoas físicas, transportam com eles, em todo tempo e lugar, sob a forma de *habitus*.

Para Bourdieu, portanto, a situação particular que um ator social específico enfrenta encontra-se objetivamente estruturada.

A adequação entre o *habitus* e essa situação permite, dessa maneira, fundar uma teoria da prática que leve em consideração tanto as necessidades dos agentes quanto a objetividade da sociedade.

Bourdieu denomina "campo" esse espaço onde as posições dos agentes se encontram *a priori* fixadas. (Ortiz, 1983, p. 19)

O "campo" é, portanto, um espaço que transcende as relações entre os atores, na medida em que é estruturado a partir da distribuição desigual dos bens materiais e simbólicos, que, por sua vez, determinam a posição que um agente específico ocupa. Configura-se, desta forma, como um espaço de concorrência e é permeado por relações de poder. O estudo da distribuição estatística dos produtos sociais segundo as diferentes camadas e classes (a exemplo dos produtos pedagógicos e artísticos estudados por Bourdieu) permite definir a chance que cada ator tem de escolher os produtos ofertados, dependendo de sua posição no sistema de estratificação social.

Cada ator social age, portanto, no interior de um campo socialmente determinado. A ação diante de uma situação objetiva é orientada pelo *habitus,* que, tendo sido estruturado pelas condições materiais de existência historicamente vividas por um grupo social, tende a reproduzir a estrutura de dominação.

A estratégia dos agentes se orienta, portanto, em função da posição que eles detêm no interior do campo, a ação se realizando sempre no sentido da "maximização dos lucros". O ator tenderia, dessa forma, a "investir" em determinado tipo de capital, procurando sempre um meio de acumulá-lo o mais rapidamente possível. Tal investimento depende evidentemente de sua posição atual e potencial no interior do campo. (Ortiz, 1983, p. 22)

A essa tendência à maximização dos lucros Bourdieu et al. (1973, p. 61) denominam estratégias de reprodução:

As estratégias de reprodução, pelas quais os membros das classes ou frações de classe detentoras de capital tendem inconscientemente e conscientemente a manter ou melhorar sua posição na estrutura das relações de classes, salvaguardando ou aumentando seu capital, constituem um sistema que funciona e se transforma enquanto tal, sendo o produto de um mesmo princípio unificador e gerador, a saber, a disposição em relação ao futuro, ela mesma determinada pelas chances objetivas de reprodução do grupo, isto é, por seu futuro objetivo. Estas estratégias dependem primeiramente do volume e da estrutura do capital a reproduzir, isto é, do volume atual e potencial do capital econômico, do capital cultural e do capital social possuídos pelo grupo e de seu peso relativo na estrutura patrimonial; e em segundo lugar do estado, ele mesmo função do estado da relação de força entre as classes, do sistema dos instrumentos de reprodução, institucionalizados ou não: mas, mais precisamente, elas dependem da relação que se estabelece, a cada momento, entre o patrimônio dos diferentes grupos e os diferentes instrumentos de reprodução e que define a transmissibilidade do patrimônio, fixando as condições de sua transmissão, isto é, o rendimento diferencial que os diferentes instrumentos de reprodução estão em condições de oferecer aos investimentos de cada classe ou fração de classe.

Partindo dessa perspectiva, podemos entender o comportamento de escolha profissional como um conjunto de estratégias que visam, consciente ou inconscientemente, a manter ou a elevar a posição que o indivíduo ocupa na distribuição de bens materiais e simbólicos de uma dada formação social, o que depende evidentemente do montante e da composição do capital possuído, bem como de seu *habitus* de classe.

Na medida em que, para Bourdieu, o *habitus é* adquirido em função das regularidades objetivas, há padrões de comportamento e "visões de mundo" modais para cada segmento ou para classe social, em relação aos diversos aspectos da vida. É plausível supor, portanto, que, em se tratando de escolha profissional, padrões modais de comportamento sejam encontrados nas diferentes classes sociais.

Se entendermos, neste caso, o campo a que Bourdieu se refere como a divisão social do trabalho, teremos que, para cada classe ou segmento social, são reservados espectros profissionais específicos. As probabilidades objetivas de acesso às profissões podem ser, portanto, definidas estatisticamente em função da posição que o indivíduo ocupa, num determinado momento, em relação à divisão social do trabalho.

Bourdieu (1980, p. 90) observa uma correlação estreita entre as probabilidades objetivas e as aspirações subjetivas:

> se se observa regularmente uma correlação estreita entre as probabilidades objetivas cientificamente construídas (por exemplo: as chances de acesso a tal ou qual bem) e as *esperanças subjetivas* (grifo do autor) (as motivações e as necessidades); isso ocorre não porque os agentes ajustem conscientemente suas aspirações a uma avaliação exata de suas chances de êxito, à moda de um jogador que regula seu jogo em função de uma informação perfeita sobre suas chances de ganho.

Bourdieu (1972, p. 177) afirma ainda que

> Diferentemente da estimativa de probabilidades que a ciência constrói metodicamente sobre a base de experiências controladas, a partir de dados estabelecidos segundo regras precisas, a avaliação subjetiva das chances de êxito de uma ação determinada faz intervir todo um corpo de sabedoria semiformalizada, de ditados, de lugares-comuns, preceitos éticos ("isso não é para nós") e, mais profundamente, os princípios inconscientes do *ethos,* disposição geral e transponível que, sendo o produto de toda uma aprendizagem dominada por um tipo determinado de regularidades objetivas, determina as condutas razoáveis, ou despropositadas (as "loucuras") para todo agente submetido a essas regularidades. (...) tendo em vista o fato de que as disposições duravelmente inculcadas pelas condições objetivas (que a ciência aprende através de regularidades estatísticas como as probabilidades objetivamente ligadas a um grupo ou a uma classe) engendram aspirações e práticas objetivamente compatíveis com essas condições subjetivas e de certa maneira pré-adaptadas a suas exigências objetivas, os

acontecimentos mais improváveis se acham excluídos seja antes de qualquer exame, a título de impensáveis, seja ao preço da *dupla negação*, que inclina a fazer da necessidade virtude, ou seja, recusar o recusado e amar o inevitável. [itálicos do autor]

Mas, se partimos de uma dupla determinação da escolha: afetiva (pulsional, da ordem do desejo) e socioeconômica (estratégia de reprodução do capital), podemos afirmar que, no confronto do indivíduo com as opções profissionais que lhe são pertinentes, dada sua condição social, outros mecanismos de defesa, além da "dupla negação" sugerida por Bourdieu, estejam presentes; é plausível supor, portanto, que a conciliação dessas duas ordens de determinações seja vivida internamente como conflito psíquico, levando à utilização de outros mecanismos de defesa que visam inconscientemente a conciliar as exigências instintivas e as condições objetivas interiorizadas.

A compatibilização entre as aspirações subjetivas e as probabilidades objetivas não se faz, portanto, sem um custo emocional, dado que, inversamente à posição adotada por Bourdieu, acreditamos na existência da instância instintiva.

Cremos que cabem aqui as colocações de Dejours (1987, p. 158): "O que tratamos de estudar é a posição dos sujeitos na relação de trabalho, e, mais precisamente, o espaço possível do sujeito para utilizar-se do trabalho como 'ressonância metafórica' na cena da angústia e do desejo."

A situação de escolha reparatória será, portanto, apenas um dos casos possíveis, situação em que, parafraseando Bourdieu, a necessidade coincide com a virtude. A análise de Bourdieu tende, na medida em que não pressupõe a instância instintiva, a considerar equivalentes todos os modos de compatibilização entre as exigências sociais e as aspirações subjetivas.

É somente por meio da junção de sua teoria com os postulados psicanalíticos que se podem entrever as reais condições em que o trabalho pode vir a ser fonte de prazer ou de sofrimento psíquico.

A psicopatologia do trabalho nos esclarece como, na situação concreta de trabalho, os objetos internos e externos podem ou não coincidir:

No conteúdo significativo do trabalho em relação ao sujeito, entra a dificuldade prática da tarefa, a significação da tarefa acabada em relação a uma profissão (noção que contém ao mesmo tempo a ideia de evolução pessoal e de aperfeiçoamento) e o estatuto social implicitamente ligado ao posto de trabalho determinado.

O conteúdo significativo do trabalho em relação ao objeto: ao mesmo tempo em que a atividade de trabalho comporta uma significação narcísica, ela pode suportar investimentos simbólicos e materiais destinados a um outro, isto é, ao objeto. A tarefa pode também veicular uma mensagem simbólica para alguém, ou contra alguém. A atividade de trabalho, pelos gestos que ela implica, pelos instrumentos que ela movimenta, pelo material tratado, pela atmosfera na qual ela opera, veicula um certo número de símbolos. A natureza e o encadeamento destes símbolos dependem, ao mesmo tempo, da vida interior do sujeito, isto é, do que ele põe, do que ele introduz de sentido simbólico no que o rodeia e no que ele faz. Todas estas significações concretas e abstratas organizam-se na dialética com o objeto. Objeto exterior e real, por um lado, objeto interiorizado por outro, cujo papel é decisivo na vida. Acontece inevitavelmente que o interlocutor interior e os personagens reais que o trabalhador encontra opõem-se. Responder a um não implica necessariamente responder simultaneamente ao outro. (Dejours, 1987, p. 50)

Se analisarmos mais de perto o que significam as condições socioeconômicas em termos da divisão social do trabalho, veremos que esta se estrutura de tal forma que aos membros das classes menos favorecidas restam os trabalhos rotineiros e mais desprovidos de significado social, e que, além disso, são mais mal remunerados. Ora, não é difícil entrever que, para os membros das classes populares, será tanto mais difícil assumir uma atividade profissional com caráter reparatório ou sublimatório, uma vez que nesses segmentos a necessidade material se impõe com a força da necessidade da sobrevivência.

Se aliarmos a isso o caráter fragmentado e a coerção exercida pela organização do trabalho, que tende a ser tanto mais despótica quanto mais se caminha para os extremos inferiores da hierarquia profissional, não é difícil supor que para os membros dessas classes essa conciliação fica muito mais difícil.

> Da análise do conteúdo significativo do trabalho, é preciso reter a antinomia entre satisfação e organização do trabalho. Via de regra, quanto mais a organização do trabalho é rígida, mais a divisão do trabalho é acentuada, menor é o conteúdo significativo do trabalho e menores são as possibilidades de mudá-lo. Correlativamente o sofrimento aumenta. (Dejours, 1987, p. 52)

Dejours analisa ainda como do choque entre um indivíduo, dotado de uma história personalizada, e a organização do trabalho, portadora de uma injunção despersonalizante, emergem uma vivência e um sofrimento que engendram respostas defensivas fortemente personalizadas.

No extremo oposto, situam-se as colocações de Freud (1929, p. 99):

> Não é possível, dentro dos limites de um levantamento sucinto, examinar adequadamente a significação do trabalho para a economia da libido. Nenhuma outra técnica para a conduta da vida prende o indivíduo tão firmemente à realidade quanto a ênfase concedida ao trabalho, pois este, pelo menos, fornece-lhe um lugar seguro numa parte da realidade, na comunidade humana. A possibilidade que esta técnica oferece de deslocar uma grande quantidade de componentes libidinais, sejam eles narcísicos, agressivos ou mesmo eróticos, para o trabalho profissional e para os reais relacionamentos humanos a ele vinculados, empresta-lhe um valor que de maneira alguma está em segundo plano quanto ao de que goza como algo indispensável à preservação e justificação da

Contribuições para uma teoria psicossocial da escolha da profissão

existência em sociedade. A atividade constitui fonte de satisfação especial, se for livremente escolhida, isto é, se por meio de sublimação tornar possível o uso de inclinações existentes, de impulsos persistentes ou constitucionalmente reforçados. No entanto, como caminho para a felicidade, o trabalho não é altamente prezado pelos homens. Não se esforçam em relação a ele como o fazem em relação a outras possibilidades de satisfação. A grande maioria das pessoas só trabalha sob a pressão da necessidade, e essa natural aversão humana ao trabalho suscita problemas sociais extremamente difíceis.

O que está ausente nas colocações de Freud, ainda que concordemos parcialmente com suas colocações a respeito das diferenças individuais quanto à capacidade de sublimação, é a configuração social que torna possível apenas para uns poucos exercerem atividades nas quais possam canalizar livremente sua energia libidinal. O trabalhar unicamente pela pressão da necessidade parece estar associado antes à condição social que o indivíduo desfruta do que a uma incapacidade sublimatória.

Não fica difícil compreender, portanto, por que Freud viu apenas nos artistas e nos cientistas a possibilidade de exercerem uma atividade com caráter sublimatório – não apenas pela qualidade intrínseca desses trabalhos, mas pela posição privilegiada que ocupam na divisão social do trabalho, que lhes reserva a possibilidade de uma atuação criativa.

A teoria de Bourdieu, na medida em que propõe que os indivíduos "aspiram ao que podem aspirar", elimina a dicotomia aparente entre "escolha livre" e "não escolha", como nos sugeria a leitura de Bohoslavsky. Como todos os indivíduos estão submetidos às determinações do campo social, toda escolha é socialmente condicionada, restando, desta forma, configurar os modos próprios a cada classe social de assunção à atividade profissional.

Se nas classes altas e médias esta se configura como uma resolução de problemas e pela busca de escolhas racionais, isso faz parte de seu *habitus* de classe. Para isso, contribui, inclusive, a educação formal, que leva a considerar todos os problemas da vida como passíveis de uma solução racional, de modo "científico".

Tudo parece indicar que os membros das classes populares estão pouco familiarizados com as noções de "problema" ou mesmo de "causalidade". Se eles parecem não possuir o que nós denominamos habitualmente de "espírito de exame", é que uma tal disposição mental, longe de ser igualmente repartida entre todos, é antes de tudo uma disposição adquirida, e resulta da ação formadora da escola. Entre o conjunto de atitudes mentais que a escola transmite, a mais essencial e a mais escondida é, talvez, como efeito, a intenção intelectual ela mesma [...]. (Boltanski, 1984, p. 82)

Nas classes baixas, o ingresso profissional poderá ocorrer sem essa conotação de escolha deliberada, o que não exclui, todavia, uma explicação dos motivos que levaram os indivíduos a uma determinada profissão, que pode igualmente ser retraduzida em termos afetivos e econômicos.

Entretanto, ainda que aos agentes das classes altas seja dada, por vezes, a possibilidade de uma reflexão mais profunda sobre as determinações que os levam ou levaram a optar por determinada profissão, todos se guiam pelo senso prático: "O senso prático orienta as 'escolhas', que ainda que não sejam deliberadas não são menos sistemáticas, e que, sem serem ordenadas e organizadas em relação a um fim, não são menos portadoras de um tipo de finalidade retrospectiva" (Bourdieu, 1980, p. 111).

O que se pode supor é que, percorrendo a escala social de um extremo a outro, um dos dois polos de determinação predomine como recurso explicativo – nas escalas inferiores, tendendo a predominar a necessidade econômica e, nos extremos superiores, o gosto, o dom, a vocação, a realização pessoal etc. Disso se pode supor que nem sempre o mecanismo de fazer da "necessidade virtude" será a explicação, podendo ser encontrados sentimentos de revolta nas classes baixas e de culpa nas classes altas. Se, conforme Bourdieu, cada um se faz cúmplice involuntário de sua condição,

Contribuições para uma teoria psicossocial da escolha da profissão

na medida em que o reconhecimento das relações de dominação se funda no desconhecimento das condições objetivas que as fundamentam, o que, por sua vez, leva a considerar naturais condições sociais arbitrárias, legitimando-as – o que Bourdieu (1972) denomina de "amnésia da gênese" –, pensamos que essa concordância não é total, havendo momentos de lucidez, através das quais os indivíduos tentam continuamente dar um sentido às experiências e ao mundo em que vivem. Nesse universo explicativo, convivem lado a lado tanto as explicações que tendem a desvelar essas relações, como as que as legitimam.

Referências

BLAU, P. et al. Occupational choice: a conceptual frame-work. In: ZYTO-WSKY, D. (Org.) *Vocational behavior* – readings in theory and research. Nova York: Holt, Rinehart and Winton, 1968, p. 358-359.

BOHOSLAVSKY, R. *Orientação Vocacional:* a estratégia clínica. 3a ed. São Paulo: Martins Fontes, 1980.

_____. Entre a encruzilhada e os caminhos. In: BOHOSLAVSKY, R. (Org.) *Vocacional:* teoria, técnica e ideologia. São Paulo: Cortez, 1983, p. 7-18.

BOLTANSKI, L. *Prime éducation et morale de classe*. Paris: Éditions de l'école des hautes études en sciences sociales, 1984. *(Cahiers du centre de sociologie européene, 5)*.

BOURDIEU, P. *Esquisse d'une theorie de la pratique* (précédé de trois études d'ethnologie kabile). Genève: Droz, 1972.

_____. *Le sens pratique*. Paris: Les Éditions de Minuit, 1980.

DEJOURS, C. *A loucura do trabalho:* estudo de psicopatologia do trabalho. 22. ed. São Paulo: Cortez-Oboré, 1987.

FERRETTI, C. J. *Opção trabalho:* trajetórias ocupacionais de trabalhadores das classes subalternas. São Paulo: Cortez: Autores Associados, 1988.

FREUD, S. (1929) O mal-estar na civilização. In: _____. *O futuro de uma ilusão, o mal-estar na civilização e outros trabalhos*. Rio de Janeiro: Imago, 1974, p. 75-174. (Edição Standard Brasileira das obras psicológicas completas de Sigmund Freud, v. 21).

_____. (1938) Esboço de Psicanálise. In: _____. *Moisés e o monoteísmo, esboço de Psicanálise e outros trabalhos*. Rio de Janeiro: Imago, 1975, p. 165-326. (Edição standard brasileira das obras psicológicas completas de Sigmund Freud, v. 23).

ORTIZ, R. À procura de uma sociologia da prática. In: _____. (Org.) *Pierre Bourdieu*. São Paulo: Ática, 1983, p. 7-36. (Grandes Cientistas Sociais, 39).

RODRIGUES, A. M. *Operário operária:* estudo exploratório sobre o operariado industrial da grande São Paulo. 2ª ed. São Paulo: Símbolo, 1978.

SCHNEIDER, M. *Neurose e classes sociais:* uma síntese freudiano-marxista. Rio de Janeiro: Zahar, 1977.

A Orientação Profissional e a discussão sobre o trabalho

Rogério Izidro Duran[1]

As reflexões que vimos desenvolvendo acerca da questão da Orientação Profissional têm como ponto de articulação a prática desenvolvida por nós em um programa de treinamento (pré-profissionalização) de jovens, em uma empresa estatal de São Paulo[2], com a forma de treinamento operacional aliado à educação integral. A descrição inicial tem apenas o objetivo de situar as ideias propostas mais ao final.

Contexto institucional

Destinado a operar no âmbito dos problemas advindos da exclusão social, o programa atende jovens de ambos os sexos, de catorze a dezessete anos de idade, provenientes de classes sociais marginalizadas, de baixo poder aquisitivo, com renda familiar de, no máximo, meio salário mínimo *per capita*. Os jovens mantêm vínculo formal de trabalho com a empresa, efetivado por contrato com duração determinada de um ano, por jornada de oito horas diárias, e recebem um piso nacional de salários, além dos benefícios regulares.

---

[1] Psicólogo pela Universidade de São Paulo. Professor de Psicologia e de Educação. Orientador no Nace – Orientação Vocacional.

[2] A empresa referida é a CESP – Cia. Energética de São Paulo, e o programa era denominado Centro de Iniciação ao Trabalho. O programa teve sua origem em convênio firmado entre a empresa e a então Secretaria do Estado do Menor.

O treinamento compõe-se basicamente de duas etapas: uma teórica, com a duração de quatro meses; a segunda de estágio de até oito meses em uma área da empresa, basicamente em atividades ligadas à rotina de escritório.

A primeira etapa operacionaliza-se em atividades que podem ser classificadas como:

a - Instrumentais: relacionadas com as habilidades necessárias para o desempenho profissional, tais como datilografia, digitação, arquivo, tramitação de documentos etc.

b - Informativas e de ampliação de capacidades cognitivas: reforço escolar (matemática e língua portuguesa), discussão a respeito da escolarização, abordagem de aspectos relacionados à adolescência (sexualidade, saúde, drogas, etc.).

c - De problematização conceitual: discussão a partir de referencial materialista-histórico da dinâmica do trabalho em nossa sociedade, bem como sua relação com a exclusão e a marginalização social. Ainda, discussão conceitual de questões como preconceito e discriminação.

d - Apoio individual: acompanhamento de cada jovem por um técnico do programa, no que se refere a questões de integração profissional.

e - De abordagem em psicologia social: *"Grupo de discussão sobre trabalho"*, tema central deste texto, sobre o qual nos debruçaremos adiante.

Cabe, porém, antes de avançarmos, delinear um certo "perfil" da clientela atendida.

Os jovens residem em favelas na periferia da cidade de São Paulo, ou são oriundos de instituições públicas ou filantrópicas de atenção à chamada infância "carente". Apresentam em sua grande maioria histórico de repetência escolar e frequentam escolas públicas onde a qualidade de ensino é notoriamente inferior

A *Orientação Profissional e a discussão sobre o trabalho* 47

ao desejado, devido aos graves problemas estruturais da educação no Brasil.

Expostos a condições materiais muito difíceis, são chamados desde cedo à garantia da própria sobrevivência; muitos executam tarefas a partir dos seis ou sete anos, por meio das quais captam magros recursos. Esse "trabalho" é visualizado como troca diária por bens de primeira necessidade; não há a percepção do trabalho como ação humana de transformação do meio e como fonte de satisfação e realização pessoais. A infância mescla-se de atividades adultas, internalizadas, porém, pelo olhar infantil, sem possibilidades maiores de integração e elaboração da experiência – portanto, de forma violenta.

O trabalho infantil é valorizado pelos adultos, pois basicamente evitaria a captação de recursos via delinquência; as oportunidades para esta se apresentam frequentemente. Por outro lado, o trabalho infantil é fonte necessária de recursos para a subsistência da família.

Cabe também ressaltar os modelos profissionais a que são remetidos. Seus pais, em geral migrantes, quando presentes, têm em geral baixa qualificação profissional; sofrem mais diretamente as consequências da rotatividade no emprego e do barateamento da mão de obra, estando estruturalmente vinculados ao exército industrial de reserva. Tal fato é frequentemente entendido como "incapacidade" dos pais, ocorrendo a inversão ideológica. Assim, muitas vezes os modelos profissionais a que tais jovens recorrem passam pela oposição aos modelos familiares, dada a percepção da impossibilidade de ascensão social e de melhoria de condições concretas de vida. Isso se verifica pelo constrangimento ou pela conotação pejorativa com que se referem às profissões dos adultos mais próximos (empregadas domésticas, pedreiros, faxineiros, ajudantes gerais etc.), identificando-se com a valoração social; deve-se ressaltar que, concretamente, tais profissões trazem mais claramente a marca da dominação social.

O nível de informação acerca das profissões do mercado de trabalho é mínimo; na verdade, praticamente as desconhecem; não têm ideia do que fazem os profissionais, quais os meios para atingi--las etc. Note-se que, ao se compararem tais dados com o nível de informação de jovens de classes privilegiadas, claramente se verifica uma grande diferença: quando não em termos de conhecimento profundo, estes pelo menos têm noções provenientes do contato com o universo das profissões (por meio de vivência com adultos próximos que as exercem e com instituições a que têm acesso).

Verifica-se que, em geral, quando estimulados a discutir sobre carreiras futuras, os jovens atendidos pelo programa idealizam profissões distantes da experiência concreta, ou identificam um futuro ligado às profissões que exigem menor qualificação, adequando-se ao esperado para a classe social da qual provêm.

Tais jovens não pensam sobre a heterodeterminação socioeconômica de sua condição, tomando o exercício profissional apenas como fonte geradora de recursos e desconhecendo o universo das atividades e profissões do mercado. Este é o contexto, concomitante à experiência da adolescência, por onde transitam e pelo qual são introduzidos à esfera do trabalho.

Origem da proposta

Após três anos de existência do serviço (1991), verificamos duas situações básicas que se configuravam como problema: ao final do treinamento, ou os jovens identificavam-se totalmente com *o status quo* dos outros funcionários da empresa (com valores e padrões de comportamento de classe média), negando sua história e chegando a romper vínculos pessoais anteriores, ou simplesmente se recusavam a lidar com o novo jogo de forças, atendo-se aos padrões anteriores, acabando por se desligar da empresa, não se empenhando na conquista de um novo emprego. As "soluções" apresentavam-se, portanto, como absolutas e de reprodução, enquanto mimese do modelo exigido pelo mercado de trabalho, ou como repetição da história de marginalização social.

Compreendíamos que as contradições sociais, estabelecidas pela relação capital-trabalho, expressavam-se nas "soluções" observadas, e que estas estavam diretamente relacionadas com os valores da ética capitalista. Tal dinâmica operava a construção de uma identidade "adaptada", estando o potencial crítico afastado.

Apoiados inicialmente na abordagem de psicologia social de Pichon-Rivière, e posteriormente nas ideias, entre outros, dos pensadores da chamada Escola de Frankfurt[3], trabalhamos sobre a hipótese que as soluções descritas, ideológicas, corresponderiam à "captura" de necessidades materiais e psíquicas dos jovens, e, mesmo ocorrendo a adaptação ao mundo do trabalho, esta seria da ordem da alienação da própria subjetividade pelo desconhecimento daquela captura.

Partimos, então, para a operacionalização de uma proposta que possibilitasse a investigação deste fenômeno. Buscamos explorar a forma como os jovens reproduziam uma ideologia contrária a seus interesses, perpetuando a sobredeterminação social e construindo uma identidade estabelecida sob condições de alienação.

---

[3] A chamada Escola de Frankfurt surgiu na década de 1920, em torno do Instituto de Pesquisas Sociais; tentar sintetizá-la em termos de uma "corrente de pensamento" seria um erro, dada a diversidade de linhas produzidas pelos pensadores identificados como seus integrantes, e uma inconsistência científico-epistemológica, dado o lugar que o particular ocupa na produção intelectual de seus pensadores. Porém, a título de introdução e penitenciando-nos com o reducionismo, podemos afirmar que a "Teoria Crítica" (como é conhecida a produção dos intelectuais articulados na "Escola") tem como características, entre outras, a crítica radical de todas as formas de dominação do indivíduo, a leitura da realidade a partir de referenciais de esquerda, a preocupação com a construção filosófica e a articulação interdisciplinar. Nossos estudos baseiam-se principalmente nos escritos de Theodor W. Adorno, Max Horkheimer e Herbert Marcuse, autores que também colocaram em jogo as concepções advindas da psicanálise para fazer as leituras dos fenômenos do campo da cultura.

O Grupo de Discussão sobre o Trabalho (GDT)

O GDT[4] surgiu como forma de abordar tais questões. Organiza-se como sendo um grupo de aprendizagem, porém não nos moldes da pedagogia clássica. Baseia-se, entre outras referências, na metodologia de "Grupos Operativos", tal como desenvolvida por Pichon-Rivière[5]. Nele, um grupo de indivíduos reúne-se em torno de uma tarefa em comum e trabalha de forma a superar dificuldades na consecução desta, retificando e ratificando a forma como entendem a realidade.

A tarefa que vem sendo fixada é a discussão do processo de entrada no mundo do trabalho formal. Cada grupo é composto por cerca de quinze jovens, um coordenador e um observador (estes dois, técnicos do programa), que se reúne uma vez por semana durante noventa minutos, dispondo-se em círculo e discutindo assuntos que se vão encadeando de maneira aberta.

A função do coordenador é facilitar a discussão por meio de pontuações e da organização do que é discutido, relacionando o conteúdo à temática do trabalho; tem, ainda, a incumbência de ressignificar as falas, mediante leitura e intervenção na dinâmica transferencial, nos mecanismos de projeção e introjeção, na possibilidade de discriminação, no desvelamento mesmo do tipo de vínculo atualizado na relação com a situação de aprendizagem profissional proposta; para tanto, parte das leituras apoiam-se na teoria psicanalítica. Já o observador transcreve falas e impressões sobre a sessão, sem se comunicar com o grupo; tal conduta tem o intuito de permitir a percepção que o grupo suscita nos integrantes, além de propiciar a projeção de fantasias por estes.

Antes de cada encontro, a dupla de coordenação atualiza o conhecimento sobre a dinâmica do grupo e formula hipóteses

---

[4] O desenvolvimento da prática do Grupo de Discussão sobre Trabalho deu-se em conjunto com a psicóloga Cristina Almeida de Souza. No decorrer destes anos, outros técnicos do programa têm trabalhado na atividade. As discussões presentes neste texto, porém, são fruto de abordagem particular do autor.

[5] Ver Pichon-Rivière (1982).

e estratégias acerca do movimento do grupo em relação à tarefa. Durante a sessão, retomam-se as discussões anteriores, bem como as evoluções e involuções do processo. A partir das falas emergentes, aquelas que explicitam conteúdos sincréticos[6], pontuam-se as dinâmicas. Deve-se notar que, durante o "contrato grupal" (quando se acertam as bases do trabalho com o grupo), firma-se acordo de sigilosidade quanto às discussões, justamente para resguardar os integrantes em relação aos conteúdos sincréticos; somente diante de acordo interno ao grupo é que questões debatidas podem tomar encaminhamentos externos.

A título de ilustração, descreveremos o trabalho realizado junto a um grupo.

Relato de um grupo

Apesar de sintética, a descrição da dinâmica de um dos grupos trabalhados[7] pode dar a ideia do processo proposto. Note-se que cada grupo configura uma dinâmica própria, bem como as leituras que cada qual faz da realidade experienciada.

É fundamental salientar que este grupo era composto de dois subgrupos: havia jovens que estavam sendo treinados em atividades de escritório e de marcenaria, pois contávamos com essa modalidade na época (1991).

Dividimos a exposição analiticamente em momentos nos quais convergiram rupturas e transformações.

Primeiro momento: caracterizou-se pelo afloramento e elaboração de divisão interna do grupo em "marceneiros" e em "escriturários", bem como pelo tateamento do espaço e da abordagem proposta pelo GDT, diferenciada das demais atividades do treinamento e da educação formal. Os marceneiros queixavam-se

---

[6] O desenvolvimento do Grupo de Discussão sobre Trabalho ocorreu em conjunto com a psicóloga Cristina Almeida de Souza. As discussões presentes neste texto, porém, são fruto da abordagem particular do autor.

[7] Neste grupo, Rogério I. Duran foi coordenador, e Cristina A. de Souza, a observadora.

de estar sendo chamados de "peão", de maneira pejorativa, pelo outro subgrupo. Em contrapartida, reativamente, controlavam as falas do grupo, submetendo as falas dos "escriturários" à anuência dos primeiros.

Tal quadro foi trabalhado a partir da indicação da reprodução intragrupal, via projeção e depositação, da exclusão social percebida por todo o grupo. A partir deste ponto, abriram-se novas possibilidades de ação por parte do grupo; houve a exposição por alguns integrantes de condutas não esperadas pelo grupo, no sentido do desenvolvimento da tarefa, rompendo certos papéis rígidos. O grupo passou a discutir aspectos da entrada no mercado de trabalho inerentes às condições dos integrantes, com colocações mais pessoais. Por outro lado, começaram, então, a agir em bloco, deslocando o sentimento de exclusão para a relação com a empresa, expondo certa desconfiança em "promessas que não foram cumpridas" (roupas que receberiam, convênio médico não firmado), transpondo tal sentimento para a dupla de coordenação, entendidos como representantes da empresa. Feita a leitura da transferência, exploramos os papéis da estrutura organizacional da empresa. O grupo se pôs, então, a pesquisar as instâncias hierárquicas e os obstáculos em grande parte políticos – em níveis institucional e global, dada a natureza da empresa (estatal) – para a consecução daqueles benefícios. Diante de tais dados, o grupo passou por momentos de inação, retomando posteriormente a discussão sobre limites de possibilidades na entrada no mercado de trabalho, tomando contato com os interesses diversos a que estavam atrelados.

Segundo momento: a partir de dois textos jornalísticos sobre a entrada de jovens de baixa renda no mercado de trabalho, houve mudança de eixo na discussão. Ocorreu grande resistência diante da tarefa, revelada posteriormente como frustração ao se identificarem com a problemática descrita nos textos. Remetidos às próprias necessidades, acabaram por lidar com os dados de realidade, trazendo dados sobre seus percursos particulares, objetivados em um questionário semiaberto. O grupo fez, então, pontes entre a infância de cada integrante, o período atual e a ideia que cada jovem tinha sobre o futuro. Resultaram discussões e teorizações sobre as ligações indivíduo/contexto social, projetos/meios, ser criança/ ser adulto. Tal trabalho foi pontuado por momentos depressivos, à medida que se chocavam nas falas do grupo as condições concretas dos integrantes e as idealizações.

Terceiro momento: surgiu uma tensão que se poderia exprimir em "conhecimento construído X ilusão". De diversas maneiras, o grupo começou a afirmar que a vinculação com o emprego não passaria de ilusão, e que de nada valeriam esforços no sentido de tomarem consciência dos aspectos até então discutidos. Houve aqui a irrupção de uma problemática fundamental: o desejo que a instituição suprisse todas as necessidades do grupo, delineando um vínculo de extrema dependência, heterônomo, e que determinava a visão de que ela deveria incumbir-se de "resolver seus problemas". Instaurou-se a discussão sobre "o que é ilusão", por meio do apontamento do relato de um "sonho", aparentemente sem sentido contextual, remetendo às representações que o próprio sonhar evocava na situação.

Exploramos o tema "ilusão", nas dimensões de negação de limites concretos e de desejo. A tarefa foi então retomada, e o "ser peão" foi trazido de volta pelo grupo, porém em nível das limitações reais de escolaridade, de recursos financeiros e dos esforços possíveis para a alteração de um futuro imaginado como unidirecionado; deve ressaltar-se que as contradições inerentes ao próprio mercado de trabalho foram também discutidas, e o grupo lançou-se a pesquisar profissões sobre as quais tinham um mínimo de informação. A possibilidade de mudanças foi instrumentalizada pela exploração dos meios para se atingir as profissões aventadas.

Quarto momento: uma proposta de informações sobre as profissões chegou a ser estruturada, mas o período determinado para o grupo chegou ao fim. Foram feitas pela dupla de coordenação duas sessões finais, uma de avaliação conjunta e uma devolutiva.

As conclusões a que chegamos na época basearam-se no referencial que adotávamos e em seus parâmetros, basicamente os da psicologia social de Pichon e Bleger. Afirmamos que houve mudanças no nível da discussão e na conduta dos integrantes, o que nos leva a afirmar que houve aprendizagem, definida por meio do modelo em espiral, ou seja, mediante o retorno de questões básicas da subjetividade trabalhadas de maneira mais integrada a cada elo. Ativemo-nos na pesquisa dos determinantes manifestos e latentes da conduta e da vinculação do grupo à tarefa proposta. Intentamos assim, fundamentalmente, uma prática educacional que permitisse o esclarecimento dos determinantes sociais e psíquicos do sentido do trabalho para aqueles jovens.

Considerações teóricas

A abordagem do GDT funda-se na psicologia social, efetiva-se por uma estratégia clínica e tem como referências básicas a teoria psicanalítica e o materialismo histórico. Visa a operar a desconstrução de estereotipias e identificações que paralisam a consciência do conflito no processo de socialização, principalmente aquele engendrado direta e indiretamente pelas práticas dirigidas à entrada na esfera da produção. Tomando as contradições indivíduo/cultura e capital/trabalho como não passíveis de síntese, como demonstraram Freud (principalmente em O *mal-estar na civilização*) e Marx, intentamos construir uma prática e uma teorização em que tais contradições estabelecessem o campo de análise crítica.

As metodologias desenvolvidas e utilizadas correntemente para o trato de questões relativas às "relações humanas no trabalho" em geral se pautam pela instrumentalização dos indivíduos por intermédio de "técnicas" de relacionamento, fundadas na persuasão, na diligência para a resolução dos conflitos individuais e na assunção de um "ideal da organização". Os indivíduos são tomados como integrantes de um sistema que deve operar harmonicamente, de forma a render benefícios a todos. Obviamente, o que subjaz a essa visão é um ideário liberal e funcionalista, que espera do sujeito uma atitude de compreensão e de integração à ordem determinada pela

A Orientação Profissional e a discussão sobre o trabalho 55

organização, pela empresa. Discordâncias são tomadas como desvios de conduta ou como incapacidade de compreensão das "regras do jogo", a serem reparados pela intervenção de especialistas administrativos, de serviço social, de "treinadores" de pessoal, enfim, de técnicos capazes de transferir o ideário capitalista às práticas do cotidiano e de subsidiar os critérios de julgamento da pertinência da discordância quanto aos padrões determinados. Sabemos o quanto a ciência moderna aplicada ao trabalho tem se prestado a validar, por meio de seus preceitos, a naturalização das relações, negando sua historicidade, operando, assim, a reificação da realidade.

Pensamos operar no sentido contrário ao dessas práticas ao nos propormos evidenciar as contradições, buscando compreendê-las e desconstruir as inversões ideológicas que as escamoteiam, e pesquisarmos a matriz individual na qual a ideologia se apoia. Em vez de implementar prática e conceitualmente maneiras mais adequadas de lidar com as novas referências, dado o momento de mudança que o ingresso no mercado de trabalho determina, propomos a compreensão do próprio embate entre diferentes maneiras de conceber a problemática do trabalho que emergem no grupo, e como estas estariam articuladas às contradições inerentes à relação capital-trabalho, pois, se é a própria realidade da esfera do trabalho a fonte das contradições, em nada ajudaria a conformação da consciência dela e de sua razão.

Ao lado de práticas educacionais que implementem positivamente as condições do exercício profissional, pensamos haver necessidade de um espaço de afloramento e discussão da negatividade presente na esfera do trabalho, questionando os ideais de harmonia social. De outra forma, a discussão deve possibilitar a emergência das condições concretas que negam a autonomia afirmada por pedagogias não críticas, pelos meios de comunicação de massa etc. (por mais que seja de difícil condução, dado o manejo requerido para as ansiedades envolvidas no processo). Se a realidade se reveste de falsidade, é ela que deve ser interrogada e transformada no processo de aprendizagem e socialização, e não apenas o pensamento. Ainda, se a regulação social das relações de trabalho traz em si a marca da dominação e do submetimento, devemos explicitar as bases – objetivas e subjetivas – em que ela se apoia. Assim, trazer a negatividade inerente ao processo de profissionalização permitiria a abertura para novas objetivações do desejo e das ações sociais.

Nossa abordagem em Orientação Profissional dirige-se dessa maneira para a discussão do próprio universo do trabalho, e não como tradicionalmente ela é concebida, ou seja, fundada no esclarecimento e no auxílio da escolha de uma profissão. Como afirma Ferreti (1992, p. 45), cujas ideias vieram ampliar nossas perspectivas durante o desenvolvimento do trabalho,

> [...] a orientação profissional [deve se propor a] criar condições para que a pessoa a ela submetida reflita sobre o processo e o ato de escolha profissional, bem como sobre o ingresso em uma atividade profissional e no seu contexto mais geral da sociedade onde tais ações se processam.

Discutir o trabalho indica explorar o seu significado para indivíduos e grupos historicamente articulados, imersos em um campo de relações concretas no qual constroem as representações que os localizam socialmente e por meio do qual podem imprimir suas marcas.

A mudança de eixo que propomos para a Orientação Profissional denota a intenção de trazer à consciência não só o conteúdo da ideologia, mas também a forma de pensamento que determina. A nosso ver, as práticas educacionais, inclusive da escola regular, têm se transformado em mimese da esfera da produção, mediante a clara meta de preparar o trabalhador para que se adapte por completo a seu processo. A educação é tomada cada vez mais de forma pragmática: de ação voltada para a construção de um saber – que proporciona, portanto, a mediação da própria prática – e vem configurando-se em um aprender a fazer. Nesse sentido, os "cursos profissionalizantes" apontam a otimização desse sistema educacional, envidando esforços para a inserção das camadas excluídas da escolarização mais extensa e superior.

Os cursos profissionalizantes trazem uma imagem de redenção das camadas excluídas: seriam a possibilidade de garantir melhores condições socioeconômicas àqueles que não conseguiriam atingir a formação profissional universitária; porém, além do anacronismo da maioria dos cursos destinados às camadas excluídas (pois oferecem treinamento em ocupações que não são compatíveis com as exigências cada vez mais sofisticadas do mercado de trabalho), materializam a divisão social do trabalho e reforçam aquilo que intentam superar: sob a imagem de superação das diferenças de classe, contribuem para a legitimação da separação da educação em duas redes – ideia desenvolvida por Baudelot e Establet[8] –, uma destinada a formar os quadros gerenciais e de reprodução da ideologia dominante, e outra (à qual as populações marginalizadas acabam por se submeter) responsável pela reprodução da mão de obra básica.

Os cursos profissionalizantes são, assim, lugar de excelência para a análise e a elaboração das contradições da esfera do trabalho, ainda mais quando o treinamento permite o contato concreto com o cotidiano do trabalho. Devemos, porém, ressaltar dois pontos: um primeiro diz respeito à necessidade de uma abordagem teórico-prática que intente desvelar o engodo da ideologia liberal – que esperamos tenha sido esboçada acima; o segundo refere-se ao alcance que a aplicação desse referencial pode ter. Entendemos, portanto, que esta proposta de discussão sobre o trabalho não deve restringir-se às camadas excluídas, mas deve permear os trabalhos efetuados junto aos adolescentes de todas as classes sociais, afinal, apesar de lugares sociais diferentes, todos estamos submetidos à lógica da dominação, à mercantilização do trabalho, à alienação.

A análise dos rumos da Orientação Profissional deve estar atrelada à discussão das práticas educacionais como um todo. O que podemos observar é que, cada vez mais, ocorre a preocupação

---

[8] Sobre tal ideia de C. Baudelot e R. Establet, ver Saviani D. (1934).

com a implementação de novas técnicas educacionais, em que a revisão dos paradigmas ocupa lugar menor. Se, por um lado, a preocupação com novas tecnologias educacionais indica o empenho dos educadores no lidar com seu objeto de maneira mais eficaz, por outro, transpõe para a educação o modelo mecanicista e alienante das relações de produção. Por meio de práticas tecnicizadas, as vicissitudes e a riqueza da relação com o outro – que implica a necessidade de ressignificação constante do diferente – vêm sendo desinvestidas de libido, gerando uma "coisificação" da consciência. A realidade é, então, tomada em sua aparência, como um "é assim", e o pensamento vem sem força para negá-la e transformá-la. Restam apenas como saídas a alienação, ou a adaptação, a conformação, a submissão a uma realidade que em muito pouco garante condições dignas à vida humana.

Explorar as idealizações acerca do trabalho junto aos jovens tem o intuito de retomada de sua dimensão humana em uma sociedade tecnológica, unidimensional, onde a razão prática perdeu seu caráter instrumental para, fetichizada, trazer em si o critério de julgamento da realidade. De outra forma, se a realidade é introjetada, na "sociedade industrial", pela lógica do "princípio de desempenho", como demonstrou Marcuse[9], operar via resistência à integração do pensamento a esta lógica é que permitiria resguardar ainda a ideia de liberdade individual, negociada em uma cultura em que a repressão fosse apenas determinada pelas exigências da convivência.

De maneira oposta, uma prática em orientação profissional que vise apenas a sínteses entre aptidões, habilidades individuais e características de profissões, conforme estas se apresentam concretamente, seria trabalhar em favor da conformação do sujeito, e não de sua autonomia, pois naturalizaria tanto o sujeito como a sociedade. Sintetizar em nível da consciência as contradições

---

[9] Herbert Marcuse desenvolve o conceito de Princípio de Desempenho como o representante atual do Princípio de Realidade descrito por Freud (1981).

irredutíveis da realidade concreta é, segundo Adorno[10], a própria essência da ideologia.

Freud mostrou-nos a inevitabilidade do conflito indivíduo/ cultura; Marx apresentou-nos a irredutibilidade entre capital e trabalho na sociedade capitalista. Sem a mediação da razão, a ser conquistada pelo resgate destas contradições, e sem o enfrentamento da angústia gerada pela percepção de impossibilidade de síntese imediata, toda escolha pessoal é mera repetição e reprodução. Levar os jovens a reconhecer as heterodeterminações a que todos estamos submetidos, e a forma como elas são introjetadas, permitiria o reforçamento – pré-consciente e consciente – das possibilidades de resistência à barbárie engendrada por uma cultura da dominação.

Escolher tem relação inequívoca com liberdade e autonomia. Resguardar a possibilidade de verdade dos conceitos de liberdade e autonomia, em vez de implementar práticas que os tomem *a priori* como inerentes ao indivíduo, seria, portanto, a melhor solução sob condições sociais em que tais conceitos não estão podendo materializar-se.

---

[10] A obra de Adorno é extensa, e esta afirmação pode ser subentendida em toda ela; porém há uma referência específica a ela em "Educacion después de Auschwitz" (1973).

Referências

ADORNO, T. W. Educacion después de Auschwitz. In: *Consignas*. Buenos Aires: Amorrortu Editores, 1973.

FREUD, S. *Eros e Civilização*. 8a ed. Rio de Janeiro: Zahar Editores, 1981.

PICHON-RIVIÈRE, E. Teoria do vínculo. In: _____. *Psicologia e Pedagogia*. São Paulo: Martins Fontes, 1982.

SAVIANI, D. *Escola e Democracia*. 3a ed. São Paulo: Cortez: Editores Associados, 1934.

Concepções de indivíduo e sociedade e as teorias em Orientação Profissional

Silvio Duarte Bock[1]

De modo geral, as teorias em Orientação Profissional podem ser agrupadas em duas grandes correntes: teorias não psicológicas e teorias psicológicas.

As teorias não psicológicas, segundo Pimenta (1979), "são as que atribuem os fenômenos da escolha a fatores externos ao indivíduo". Por exemplo, na teoria do acidente, as pessoas chegam a determinadas profissões de modo meramente casual, sem uma intervenção pessoal e ao sabor das contingências. Nas teorias econômico-sociais, busca-se compreender de que forma e quais as influências econômicas, sociais e culturais que determinam o afluxo das pessoas em direção às profissões e ao ingresso na força de trabalho. Mas são as teorias ditas psicológicas que interessam mais, porque elas preveem uma atuação concreta das pessoas.

Por isso, tanto Pimenta (1979) como Ferretti (1988) estudam as teorias psicológicas, pois elas buscam na dinâmica do indivíduo a compreensão do fenômeno da escolha profissional, e são elas que têm informado a prática da Orientação Profissional no Brasil. As teorias psicológicas podem, conforme Ferretti, ser divididas em quatro correntes: teoria traço-e-fator, teorias psicodinâmicas, teorias desenvolvimentistas e teorias decisionais.

Diferente desta classificação, vamos propor uma outra forma de agrupamento, que remete para o desvelamento das concepções de homem e sociedade que fundamentam e estão embutidas nas teorias. Desta forma, podemos dividi-las em três grupos: o

---

[1] Pedagogo, mestre e doutor em Educação pela UNICAMP, especializando em Orientação Profissional, vice-presidente da ABOP, gestão 2010-2011. Diretor do Nace – Orientação Vocacional.

primeiro, que chamaremos de *Orientação Vocacional tradicional* (liberal); o segundo, que visa à *crítica à orientação vocacional tradicional*, e o terceiro, que, por falta de um termo mais adequado, será denominado de *para além da crítica*.

Orientação Vocacional tradicional (liberal)

Na Orientação Vocacional tradicional (liberal), estamos englobando as teorias ditas psicológicas. Como já apontamos, essas teorias buscam entender o fenômeno da escolha profissional no ângulo do indivíduo (e quase que exclusivamente só nele). Ferreti (1988) propõe-se a estudar as bases ideológicas que sustentam as teorias e conclui que todas as ditas psicológicas se fundamentam na ideologia liberal. Assim, aceitam sem questionamentos os princípios da individualidade, da liberdade e da igualdade de oportunidades, que são os três axiomas sustentam tal ideologia, e defendem uma determinada concepção de sociedade e de ser humano.

As teorias em exame pouco dizem a respeito da liberdade e da igualdade de oportunidades; debruçam-se sobre a individualidade para tentar explicar o fenômeno da escolha. Algumas remetem o indivíduo para sua natureza, isto é, reconhecem na pessoa aptidões naturais. Outras entenderão as aptidões como fruto do desenvolvimento quase cronológico do indivíduo; outras, ainda, entendem o caminho profissional das pessoas em função do desenvolvimento psicossexual na primeira infância.

Assim, o que as aproxima é a aceitação acrítica de que cada pessoa reúne em si características que devem orientar sua escolha e que, se não respeitadas, apontam para um fracasso na vida do indivíduo.

O "modelo" utilizado é quase que o mesmo para todas as teorias em estudo: existem cargos e funções no mercado de trabalho. Ao indivíduo cabe a responsabilidade de adaptar-se da melhor forma possível a eles. As teorias psicológicas apenas divergem quanto à gênese dessas características individuais.

Concepções de indivíduo e sociedade e as teorias em Orientação Profissional 63

A Teoria do traço-e-fator é a responsável pela introdução desse "modelo" na orientação profissional. O pressuposto é que os cargos e as funções se repetem na estrutura ocupacional das empresas. Assim, pode-se estabelecer um perfil ocupacional por meio de pesquisas que levantarão os "traços de personalidade" ou características pessoais, as aptidões e os interesses dos indivíduos que já estão em exercício profissional. Estando pronto o perfil ocupacional, podem-se agora desenvolver instrumentos que sejam capazes de medir ou apontar o perfil pessoal, que deverá "revelar" as características pessoais, as aptidões e os interesses do indivíduo que se submete à orientação. Nada mais resta a fazer do que buscar entre os vários perfis ocupacionais existentes aquele que melhor se harmoniza com o perfil pessoal. A melhor escolha é aquela que consegue um casamento perfeito entre o perfil ocupacional e o perfil pessoal.

A ideologia diz que, se houver harmonia entre o indivíduo e seu trabalho, ele será mais "feliz". Entretanto, sabemos que por trás desta visão esta a maior produtividade da pessoa; cabe a ela ajustar-se à estrutura social que já está pronta e acabada.

A crítica à Orientação Vocacional tradicional

No Brasil, em meados da década de 1970, a escola, enquanto instituição, sofreu críticas profundas no que tange à sua função social. A partir das contribuições de Bourdieu e Passeron, Althusser, Baudelot e Establet, e ainda, no Brasil, de Luiz Antonio Cunha, a escola é questionada enquanto instância promotora do desenvolvimento econômico e social, aquela que, supunha-se, seria capaz de resolver quase todos os males da sociedade. A escola passa, agora, a ser entendida como um organismo da superestrutura cuja função é a de manter e reproduzir o *status quo*. A escola dissemina a ideologia da classe dominante e prepara a força de trabalho para ser explorada pelo capital.

A Orientação Vocacional sofre o mesmo tipo de crítica. Partindo da mesma questão que se fez para a escola, pergunta-se:

a quem serve esta Orientação Profissional da forma como tem sido desenvolvida nas escolas?

Ferreti desenvolve uma análise dos três axiomas do liberalismo (individualidade, liberdade e igualdade dos indivíduos perante a liberdade de opção) e acaba concluindo sobre a sua falácia. Isto é, tomando a realidade como base, encontramos exatamente o contrário do que prega esta corrente de pensamento. Não existe a individualidade tal como preconizada pelo liberalismo; não existe liberdade de escolha e muito menos igualdade de oportunidades.

A ideia de que a pessoa "escolhe seu caminho" a partir das condições em que vive e em função de suas vontades e aptidões é algo relativamente recente na história. É na passagem do feudalismo para o capitalismo que esta nova forma de compreender o homem é desenvolvida, sendo claramente sistematizada pela ocasião da revolução (burguesa) francesa de 1789 (igualdade, liberdade e fraternidade).

Até antes do desenvolvimento do capitalismo, a posição do indivíduo na sociedade era determinada pelos laços de sangue: o servo, por condições de nascimento, seria sempre servo; o senhor, da mesma forma, seria sempre senhor. Em tal situação, indivíduo e sociedade confundem-se, ou melhor, o indivíduo é subjugado pela ordem social, e esta é legitimada pelas "leis divinas" (o clero era uma poderosa força social aliada à aristocracia).

Indivíduo e sociedade só se diferenciam claramente no capitalismo. Tal diferenciação, é lógico, defende determinados interesses, no sentido de reafirmar a nova ordem constituída[2]. A burguesia

---

[2] A nova ordem social engendrada pelo capitalismo só aparece quando algumas características fundamentais dominam o processo de produção:

a - o trabalhador precisar "ser livre" da posse dos meios de produção, o que o obriga a oferecer no mercado sua capacidade para produzir;

b - o trabalhador precisa ser livre de qualquer relação de dominação como as que vigoram no modo de produção feudal. Ele agora pode dispor de sua força de trabalho para vendê-la a quem quiser. Todos são iguais perante a lei para vender sua capacidade de trabalho;

Concepções de indivíduo e sociedade e as teorias em Orientação Profissional 65

enquanto classe revolucionária na época, lutando contra a velha ordem, desenvolvia a tese de que todos os indivíduos são iguais, e que por isso deveria existir liberdade (de escolha). Lutava, assim, contra o clero e a aristocracia, os quais defendiam a perpetuação do regime feudal de que eram beneficiários.

A posição do indivíduo no capitalismo não é mais determinada pelos laços de sangue. Agora é conquistada pelo indivíduo segundo o esforço que despende para alcançá-la. Se antes essa posição era entendida em função das leis naturais referendadas pela vontade divina, agora, ao contrário, o indivíduo pode tudo, desde que lute, estude, trabalhe, se esforce e também (por que não?) seja um pouco aquinhoado pela sorte.

Nesse momento, a escolha profissional é supervalorizada: se tudo está nas mãos do indivíduo, a escolha (acertada ou adequada) é fundamental para que ele cresça e se torne produtivo, para alcançar cada vez mais melhores posições na sociedade.

A concepção de indivíduo que passa a vigorar é a de um ser autônomo em relação à sociedade, ou seja, ele existe independente das determinações dela e, mais do que isso, individualmente pode superar os obstáculos colocados pela organização social.

A ideia de que todos os homens são diferentes entre si, ao contrário do que se pode pensar, não se choca com o ideal da igualdade entre os homens. Esse ideal diz respeito à liberdade e à igualdade de oportunidades que todos os homens têm o direito de usufruir. As diferenças que se encontrarão a partir daí serão compreendidas não como consequência da estrutura da sociedade, mas como resultantes das diferenças entre os indivíduos. Se o indivíduo "não se deu bem na vida", segundo os valores dominantes da sociedade, isso se deve a problemas de ordem pessoal. Ele não se esforçou o suficiente (vide a grande taxa de evasão e repetência no Ensino Fundamental, por exemplo) para alcançar melhores posições

---

c - o objetivo do processo de produção está totalmente voltado para o mercado. Se, antes, o objetivo da produção era a satisfação das necessidades humanas, agora o objetivo passa a ser o aumento da unidade de capital empregado (lucro) Conf. BRAVERMAN, 1981.

na sociedade, e por isso deve conformar-se com sua situação, uma vez que teve em suas mãos todas as oportunidades, as quais não soube aproveitar de forma eficiente (BOCK, 1989).

Ferreti (1988) conclui:

> [...] a orientação acaba reforçando os princípios do liberalismo, pois admite implicitamente que existem falhas no processo de escolhas profissionais, que estas falhas são do indivíduo e que, portanto, para resolver o problema, basta habilitá-lo a realizar escolhas mais adequadas. Ou seja, todos têm liberdade de escolher e igual oportunidade para fazê-lo, de acordo com suas aptidões e características pessoais, respeitadas as limitações impostas pela realidade. As opções inadequadas são de responsabilidade individual e devem ser creditadas unicamente ao indivíduo que escolhe. Ao atuar dessa forma, a Orientação Profissional acaba comprometendo-se duplamente: de um lado, por não examinar as causas últimas e por aceitá-las como naturais, mistifica os fatores da realidade que constituem obstáculos ou impedimentos às escolhas individuais. De outro lado, ajuda a manter as discriminações sociais, por admitir, sem questionamento, o potencial individual, deixando, ao mesmo tempo, de abrir crítica às condições de vida que influenciaram marcadamente esse potencial.

Pimenta (1979, p. 124) igualmente conclui:

> A Orientação Vocacional, ao usar técnicas advindas da psicologia, que acentuam a ênfase no indivíduo, cria neste a impressão de que é ele quem decide; com isso facilita o ajustamento dele à estrutura ocupacional. Imbuído de uma "certeza" de que escolheu (a partir daquilo que era possível), o indivíduo tem maiores chances de vir a ser mais produtivo. Isto é, contribuir para o aumento da mais-valia da classe dominante, que é a que detém o controle da produção... A liberdade de decidir é da classe dominante.

Como, então, a Orientação Profissional deve proceder?

Pimenta (1979, p. 125), como sugestão, aponta:

[...] aos orientadores vocacionais de pouco adianta trabalhar a nível da decisão individual, se não for libertada a liberdade de decidir. Compreendendo a liberdade como superação dos determinismos (a partir deles), a Orientação Vocacional estará libertando a liberdade de decidir na medida em que o indivíduo proceder a uma revisão radical das relações de trabalho e das profissões numa dada sociedade. Para isto a própria orientação vocacional precisa proceder a uma revisão radical de si mesma, enquanto profissão.

Ferreti (1988, p. 45) propõe a mudança dos objetivos da Orientação Profissional: "Criar condições para que a pessoa a ela submetida reflita sobre o processo e o ato de escolha profissional bem como sobre o ingresso em uma atividade onde tais ações se processam". O conteúdo básico a ser trabalhado nesta proposta é o "trabalho e sua realização no âmbito da sociedade brasileira".

Desta forma, os dois autores (ambos pedagogos), com larga experiência como educadores da rede pública brasileira, propõem uma ação "contraideológica" para a Orientação Profissional. Ela deve desvelar exatamente aquilo que sua ação tradicional encobre.

Para além da crítica

A crítica à Orientação Profissional tradicional acaba questionando a ideia de que as pessoas podem escolher. Com razão, denuncia a ação de dissimulação da realidade ao apontar que a Orientação Profissional tradicional aceita a ideia de que a trajetória de vida de uma pessoa depende exclusivamente dela mesma, e por isso as escolhas realizadas são de suma importância.

As ordens econômica e social (que estão prontas e acabadas) são apenas o lugar onde as escolhas se realizam. A sociedade coloca obstáculos e desafios que devem ser ultrapassados pelos indivíduos; aqueles que conseguirem serão os vencedores, serão os bem-sucedidos. Realizar uma boa escolha profissional é um pré-requisito para que isso ocorra. Assim, em vez de proceder a uma análise de como a sociedade está estruturada, desenvolve-se a análise do indivíduo para que ele bem se adapte a esta ordem, sem jamais questioná-la.

Bock (1989, p. 16) afirma:

> A crítica à ideologia liberal e à concepção de indivíduo nela embutida sem dúvida é um grande avanço na compreensão do funcionamento da sociedade capitalizada. Entretanto, no desenvolvimento da análise, ao negar a existência da liberdade de escolha, acaba por também negar a existência do indivíduo. Ele passa a ser entendido como reflexo da organização social, não detendo nenhum grau de autonomia frente a tais determinações. A estrutura social tem um poder avassalador sobre o indivíduo, negando assim sua existência. Desta forma, ao criticar a concepção de indivíduo subjacente à ideologia liberal, nega também a existência do indivíduo propriamente dito. Se na ideologia liberal o indivíduo "pode tudo", em sua crítica ele passa a "não poder nada".

Bock (1989, p. 16) continua afirmando que, para a perspectiva "além da crítica", o indivíduo

> [...] é e não é ao mesmo tempo reflexo da sociedade, da mesma forma ele é e não é ao mesmo tempo autônomo em relação a ela. Relativamente à questão da escolha também poderíamos dizer que o indivíduo escolhe e não [escolhe sua profissão ou ocupação] ao mesmo tempo.

Como imagem, poderíamos montar o seguinte esquema: num extremo de uma reta teríamos o polo da escolha total (determinismo individual-perspectiva liberal) e, no outro extremo, teríamos o polo da não escolha total (determinismo econômico social-perspectiva crítica).

As pessoas, de acordo com a classe social de que participam, estão mais próximas de um ou outro polo. Não existe a possibilidade de alguém se colocar completamente num ou noutro polo de forma absoluta. Assim, as pessoas menos privilegiadas da sociedade, que vivem no limiar da sobrevivência mínima, deteriam algum grau de possibilidade de escolha.

Não estamos com isso tentando resgatar a velha ideia (liberal) de que o indivíduo pode modificar sua situação se assim o quiser, mas apontando que as pessoas detêm algum grau, por mínimo que seja, de possibilidade de intervenção em sua trajetória de vida. Nisso reside a possibilidade transformadora da orientação profissional: propiciar a compreensão de que vivemos numa sociedade profundamente injusta e opressora e, ao mesmo tempo, apontar que essa sociedade está em movimento.

Trabalhamos com a ideia da multideterminação do humano. Combatemos a ideia do homem natural e do homem abstrato.

Afirma Bock (1993, p. 177) que

> As propriedades que fazem do homem um ser particular, que fazem deste animal um ser humano, são um *suporte biológico* específico, o *trabalho* e os *instrumentos, a linguagem,* as *relações sociais* e uma *subjetividade* caracterizada pela consciência e identidade, pelos sentimentos e emoções e pelo inconsciente. Com isto queremos dizer que o humano é determinado por todos esses elementos. Ele *é multideterminado*.

Referências

BOCK, A. M. B. et al. *Psicologias:* Uma Introdução ao estudo de Psicologia. 5ª ed. São Paulo: Saraiva, 1993.

BOCK, S. D. Escolha profissional: vocação ou sobrevivência? *Revista Transformação* (informativo da Secretaria de Mão de obra do Ministério do Trabalho), Brasília, ano IV, n° 11, setembro de 1989.

_____. Trabalho e profissão. In *Psicologia no ensino de 2° grau:* uma proposta emancipadora. São Paulo, Conselho Regional de Psicologia, 6ª Região/Sindicato de Psicólogos no Est. de *São* Paulo/EDICON, 1986.

BRAVERMAN, H. *Trabalho e capital monopolista:* a degradação do trabalho no século XX. Rio de Janeiro: Zahar Editores, 1981.

FERRETI, C. J. *Uma nova proposta de Orientação Profissional.* São Paulo: Cortez: Autores Associados, 1988.

PIMENTA, S. G. *Orientação Vocacional e decisão:* estudo crítico da situação no Brasil. São Paulo: Edições Loyola, 1979.

Família e escolha profissional

Maria Luiza Dias[1]

Este artigo tem por objetivo analisar alguns dos aspectos da psicodinâmica do grupo familiar implicados num momento de escolha profissional e focalizar a importância da participação da família no processo de Orientação Profissional de um jovem. Para tanto, faço algumas considerações referentes à linha de orientação de trabalho que adoto, salientando a importância de se considerarem os aspectos psicodinâmicos de uma escolha para situar o problema da opção profissional de caráter sintomático, isto é, aquela que surge como expressão de um sintoma produzido no interior do grupo familiar; em seguida, refiro-me à experiência de atuação em um Serviço de Orientação Profissional[2] (tanto em atendimentos individuais como em atendimento a grupos de jovens entre catorze e dezoito anos), para ilustrar alguns dos procedimentos utilizados que inserem os pais e familiares no processo de Orientação Profissional do jovem em questão.

Quando digo que opto por uma visão psicodinâmica no trabalho de Orientação Profissional, quero dizer que:

- adoto uma base referencial psicanalítica, envolvendo a noção de motivações inconscientes subjacentes a uma escolha, ou seja, a determinação da escolha sendo operada por conflitos emocionais não resolvidos, sem que o jovem perceba isso;

---

[1] Graduada em Psicologia e Ciências Sociais. Mestre em Antropologia pela PUC/SP. Profa. Universitária. Doutora pelo Departamento de Antropologia da USP.

[2] Na coordenação do Serviço de Orientação Profissional da Laços – Núcleo de Estudos e Reciclagem da Família.

- trabalho com o conceito de "reparação", introduzido na psicanálise por Melanie Klein e utilizado por Bohoslavsky para explicar tais motivações inconscientes determinantes da escolha, como veremos adiante;
- observo os fenômenos transferenciais e contratransferenciais que possam emergir no vínculo entre orientador e orientando. Entendo aqui por transferência o processo por meio do qual uma pessoa desloca experiências emocionais anteriores importantes, vividas com pessoas significativas, para uma situação atual. Estas formas vinculares que se reeditam numa situação presente informam o orientador sobre o modo de o jovem operar em seu mundo de relações e o lugar concedido ao outro – pontos importantes para a análise da problemática envolvida na escolha profissional. Pode ser necessário ao orientando modificar este "passado que se atualiza no presente", no presente da sessão (individual ou de grupo), na medida em que vai elaborando sua decisão profissional. Na mesma linha, entendo por contratransferência os sentimentos que emergem no orientador, em função da relação estabelecida com ele pelo orientando, que novamente informa sobre o lugar que ele dá ao outro e a expectativa que tem sobre ele;
- busco as relações inconscientes existentes nas associações e sequências de ideias presentes no discurso do orientando, e também em suas manifestações não verbais;
- trabalho com uma combinação de recursos que incluem entrevistas, dinâmicas individuais e de grupo, teste de interesse e técnicas projetivas.

Nesta linha, acredito que o principal papel do orientador profissional é, mediante a interpretação do discurso e de outros recursos técnicos, auxiliar o orientando a perceber a rede de significações com as quais opera e a compreender a construção que se encontra subjacente às suas escolhas e não escolhas, como também

Família e escolha profissional

os possíveis conflitos e as ansiedades ocultos em suas preferências ou rejeições. Assim, o orientador transforma-se em um coadjuvante, em um facilitador ou coconstrutor desta estrutura simbólica à qual a escolha se referencia, em que o papel principal é do orientando. Nesta mesma linha, o orientador propicia experiências e identifica elementos que convidam o orientando a refletir sobre seu percurso em direção a um futuro.

Acredito, com isso, que se poderia comparar a Orientação Profissional a uma psicoterapia breve, com o foco na vida ocupacional do sujeito. Ou a um trabalho psicopedagógico, do tipo que se centra em compreender e interpretar como o indivíduo opera e que tipo de relação tem estabelecido desde cedo com os mundos educacional e ocupacional, que se centra, também, em identificar os aspectos inconscientes presentes nas facilidades ou nas dificuldades apresentadas. Dito de outro modo, é o vínculo estabelecido pelo orientando com a área da aprendizagem e da ocupação que será foco de análise. Isso permite identificar, por exemplo, que um estudante possa sair-se mal justo em matemática apenas porque essa disciplina se relaciona com a profissão de seu pai, com quem se encontra em conflito. Ou, então, que um estudante possa ter uma ideia insistente de cursar Oceanografia, porque assim poderia livrar-se de residir com os pais, uma vez que necessitaria mudar de cidade. Torna-se inegável, portanto, que a decisão profissional se entrelaça com todas as outras áreas da vida do indivíduo.

Deste modo, a Orientação Profissional pode ainda ser compreendida como um espaço de passagem, de transformação, de trabalho. Ela pode funcionar como um continente para a expressão de conflitos ligados à escolha profissional, desvendando significados inconscientes, compartilhando com o orientando a natureza desta experiência, manejando e modulando sua ansiedade.

Para a investigação do mundo ocupacional e da realidade intrapsíquica do orientando, a Orientação Profissional utiliza-se de diversos recursos, que irão variar de acordo com o objetivo específico e a formação técnica do orientador.

Psicodinâmica do grupo familiar e escolha profissional

A família sempre teve um importante papel por sua função socializadora. Um bebê recém-chegado rapidamente é integrado no grupo social de referência a que pertence sua família. Antes mesmo de nascer, o bebê já tem seu lugar social e um lugar na vida psíquica dos familiares. O mundo lhe é apresentado pela família e por outras figuras significativas. É sobre esta primeira formação que se adicionará, no futuro, a opção profissional. A forma como os pais dão significado aos elementos da vida ocupacional sempre estará presente no modo de um filho significar este universo. Sobre isto, diz Bohoslavsky (1977):

> O grupo familiar constitui o grupo de participação e de referência fundamental, e é por isso que os valores desse grupo constituem bases significativas na orientação do adolescente, quer a família atue como grupo positivo de referência, quer opere como grupo negativo de referência.

Observa-se, com isso, que a Orientação Profissional, ao focalizar a vida ocupacional de um indivíduo, estará inserindo-se no universo de representações do orientando e de seu grupo familiar sobre o mundo do trabalho e, dentro disso, também, sobre o sentido da vida, da morte e do ser. Assim, não é possível recortar uma visão sobre o orientando de forma descontextualizada, e faz-se necessário compreender suas ansiedades em referência ao grupo social (família, amigos, escola etc.).

Parto do pressuposto de que o momento de escolha profissional é um momento de crise, que envolve não só o sujeito, mas implica também o grupo de que faz parte. Entendo aqui por crise um período em que muitas mudanças se processam num curto espaço temporal, no qual, muitas vezes, um estudante escolhe não porque já se sente pronto para fazê-lo, mas porque, por exemplo, o prazo para inscrição no vestibular o pressiona.

Família e escolha profissional 75

Uma vez que as ansiedades predominantes vividas pelo orientando são parte de um processo em família, toda escolha profissional alicerçada em cima de conflitos ocasionará problemas de percurso, mobilizando ansiedade em todo o grupo familiar. Os pais também ficarão ansiosos e reviverão, por meio do filho, seus próprios dilemas vividos no mesmo momento evolutivo. Dependendo do modo como resolveram ou não estas questões em suas vidas, terão um repertório mais ou menos fortalecido para, na situação atual, oferecerem continência às ansiedades vividas pelo filho. Nesta linha, a Orientação Profissional, entendida do modo descrito até aqui, precisa conceder algum espaço para se pensar a relação do jovem com a família e com as expectativas parentais. Precisa também assumir um caráter preventivo, ou seja, deve estar atenta a todo o material psíquico trazido pelo orientando, o qual possa estar dificultando o caminho de uma definição profissional.

Os aspectos emocionais e psicodinâmicos estão sempre presentes e entremeando o diálogo estabelecido no processo de Orientação Profissional e precisam ser, de fato, considerados. Nas situações onde o orientando se encontra aprisionado em conflitos, por vezes, uma psicoterapia ou algum outro encaminhamento precisará ser sugerido após a Orientação Profissional.

Clarificarei mais estes processos mediante a seguinte ilustração: um estudante com dezenove anos vem para Orientação Profissional individual. No momento, encontra-se no seu segundo ano de cursinho. Não passou no último vestibular para Administração e, apesar de estar fazendo cursinho com o intuito de se preparar melhor no corrente ano, com grande frequência não entra nas aulas e fica no bar do local, batendo papo. Chega mesmo a ter dúvidas sobre se é Administração o curso que deseja fazer. Durante os encontros, mostra-se aparentemente disposto às atividades, sejam elas conversas ou tarefas. Porém, tudo o que depende de sua iniciativa para ser providenciado entre as sessões o estudante nunca realiza – ou porque "não deu tempo", ou porque "não conseguiu", ou mesmo porque "esqueceu". Durante nossos diálogos mais gerais, o estudante, em certo momento, confidencia-me que tinha recebido um diagnóstico médico, há dois anos, de que é infértil e de que não poderá ter filhos. Solicitado a me explicar melhor qual é a razão orgânica de tal impedimento, o estudante afirma não saber ao certo o motivo. Passo, então, a conversar com ele sobre esse episódio, sobre a necessidade de conhecer melhor o problema do seu aparelho reprodutor, e sobre como a vivência da infertilidade acabou alastrando-se do órgão genital a uma sensação mais generalizada em sua vida. Constatamos que, a partir daquele diagnóstico médico, toda sua vida se paralisou: desmanchou com a namorada e não deu início a novo relacionamento; não estudou mais; não entrou na faculdade e concluiu que não se sairia bem em novo vestibular. Tudo passou a parecer uma completa infertilidade.

Desde o ocorrido, nada mais fertilizava, e a sensação do rapaz passou a ser de real paralisia. Mas a minha sensação como orientadora profissional também é, neste momento, de real paralisia, uma vez que tudo o que depende de um movimento do estudante, e não de uma ativa condução minha, torna-se estéril. Focalizo-lhe a necessidade de novas consultas a um urologista e a de trabalhar estes elementos numa psicoterapia, cuja indicação lhe dou ao término do trabalho. Com seu consentimento, uma vez que depende economicamente dos pais, promovemos uma última sessão, quando as necessidades de encaminhamentos são discutidas com os pais. Estes, preocupados com a situação de "paralisação" atual do filho e compreendendo melhor a problemática em que se inseriam, aceitam a sugestão. O estudante e sua família buscavam sair da imobilidade, passando a procurar soluções para o conflito.

Em nossas dez sessões de Orientação Profissional, pudemos detectar alguns dos elementos que não permitiam que o estudante continuasse seu percurso acadêmico, e considerei esta a contribuição a ser dada, uma vez que não interessava cumprir as atividades do programa de Orientação Profissional de forma a apenas completar as tarefas. O trabalho flexibilizou-se para que pudéssemos localizar o foco de sua problemática de vida, a qual estava interferindo na sua escolha profissional. Assim que se estabeleceu a relação entre seu problema orgânico e sua paralisação profissional, afetiva e social, o

Família e escolha profissional 77

estudante e sua família sensibilizaram-se para resolver o que antes era visto como dúvidas, insegurança, falta de aplicação aos estudos, não saber o que quer. Cabe lembrar que este estudante já havia frequentado uma Orientação Vocacional em estabelecimento particular. Havia resolvido procurar uma nova Orientação Vocacional, porque continuava "sem saber muito o que fazer".

A ilustração acima nos evidencia a importância tanto de observarmos os aspectos afetivos subjacentes ao momento de uma escolha profissional, quanto da participação da família no processo de Orientação Profissional de um jovem, como um recurso que nos facilita identificar e administrar, juntamente com o orientando, o conjunto de representações com as quais opera. Vê-se que o objetivo deste tipo de trabalho não precisa restringir-se a identificar as carreiras pertinentes ao estudante, mas pode aspirar a auxiliá-lo na transposição dos impedimentos psíquicos e na elaboração das motivações inconscientes ligadas ao caminho de sua profissionalização.

De fato, se quisermos trabalhar de modo preventivo, teremos de considerar o que bem aponta Levisky (1982):

> Qualquer um de nós tem a experiência de como nossa capacidade de concentração, de trabalho, de reflexão se alteram na dependência de nossos estados emocionais. Quando se consegue uma modulação adequada do nível de ansiedade, a capacidade criativa, o pensar, o perceber e o aprender significados tornam-se mais ampliados.

Escolha profissional como sintoma da psicodinâmica do grupo familiar

Um indivíduo, quando procura escolher uma profissão, está às voltas com as visões e as pressões da família. Esta "cultura" do grupo familiar estará ativa tanto concretamente quanto de modo internalizado pelo sujeito. Em alguns momentos, a escolha profissional, influenciada pelos dilemas familiares, poderá, mesmo, transformar-se em sintoma de grupo – expressão de ansiedades e conflitos compartilhados. É nesta direção que a noção de identificação projetiva, luto e reparação surgirão como conceitos importantes para a compreensão do processo de escolha profissional alicerçada em conflitos emocionais.

Desde muito cedo, experimentamos ansiedade e luto pelas despedidas a serem realizadas. O relógio não para e, por mais que a ansiedade relacionada às despedidas possa provocar um desejo de congelar o tempo, o fato é que o tempo se desenrola por si só. A impossibilidade de impedir esta temporalidade de fluir faz com que o jovem que escolhe uma profissão, por mais que esteja animado com as novas aquisições, também experiencie uma vivência de perda, sobretudo com relação aos bons aspectos das condições que vai deixando para trás. Além disso, tomar um rumo implica perder outros, dos quais nem sempre é fácil abrir mão.

Portanto, aderida à escolha profissional, encontra-se sempre uma rede de afetos, e o tipo de escolha pode estar, por vezes, visando a reparar vivências dolorosas anteriores que permanecem como um tipo de "machucado intrapsíquico". Assim, torna-se importante detectar a que "objetos internos" a escolha profissional está vinculada e desvendar esse conjunto de significados que permanece, quase sempre, inconsciente ao sujeito. Nem sempre é simples localizar tais relações invisíveis.

Lembro-me de uma estudante do primeiro ano do curso de Direito que, apesar de já estar cursando o Ensino Superior, continuava com uma ideia permanente de fazer Medicina e, dentro disto, pediatria. Seu plano pessoal era continuar a faculdade de Direito pela manhã; fazer cursinho à noite; prestar o vestibular para Medicina; conseguir a vaga; cursar Direito à noite e Medicina durante o dia. A estudante acreditava que, realmente, poderia atuar com bom desenvolvimento nas duas áreas: ser advogada e médica ao mesmo tempo. Questionei-a dizendo que havia carreiras mais facilmente conciliáveis, mas que eu acreditava que, na faculdade de Direito, ela necessitaria estagiar e, para isso, precisaria de outro

Família e escolha profissional 79

período; também lhe disse que, se fizesse residência em pediatria, dificilmente exerceria o Direito, pois não poderia ir ao fórum à tarde etc. E que eu acreditava, ainda, que este tipo de raciocínio era apenas uma forma de ela postergar uma definição ocupacional e prolongar a vida de suas fantasias ligadas às duas carreiras.

Nos dados sobre a família, surge que os pais se haviam separado há dois anos, ao que a estudante se referia aparentemente como uma experiência já distante e livre de tensões. Descobri que o pai era advogado e que havia uma avó materna que tinha sido uma das pioneiras na carreira de Medicina – uma das primeiras mulheres a se formar médica, segundo a estudante. Essa avó era muito valorizada na família por isso.

Disse-lhe, então, que eu acreditava que a separação dos pais talvez lhe tivesse doído mais do que ela se permitia dar conta; que embora racionalmente ela pudesse entender tal separação e as razões para isso, parecia-me que ela ainda desejava juntar pai e mãe, por meio de sua tentativa insistente de dedicar-se às duas profissões. Eu lhe sugeri que queria conciliar a carreira de Medicina, que representava esta figura feminina importante de sua família materna – a avó –, com uma outra carreira, o Direito, que representava a figura masculina paterna – um advogado. Medicina e Direito, casando-se, poderiam unir homem e mulher novamente, pai e mãe.

A estudante surpreendeu-se com tal ideia, perguntando-me se a pessoa que me havia indicado a ela tinha me contado algo sobre sua vida. Pudemos esclarecer que não, que eu tirava esta ideia de sua própria fala. Contudo, penso que isso indicava que a estudante havia se sentido muito exposta, mas, ao mesmo tempo, acabava confirmando que "algo na sua vida" a levava à mesma conclusão. Após algumas entrevistas, a estudante decidiu continuar o curso de Direito, desistindo da Medicina, o que implica a vivência simultânea do luto pela separação dos pais e da perda da carreira que escolheu não seguir. Pensar situações como esta exige do orientador uma atenção específica ao aspecto reparatório envolvido na escolha profissional.

Em outras situações, os conflitos e as ansiedades vividos pelo estudante demonstram mais transparentemente sua relação com os dilemas vividos no grupo familiar. A escolha profissional de um elemento na família pode apresentar-se como um sintoma do grupo. Para compreendermos esse processo, faz-se necessário recorrer à noção de identificação projetiva, introduzida por Melanie Klein, em 1946. Este conceito ajuda a compreender como se forma um "paciente-identificado" numa família – o bode expiatório, aquele que leva a fama de portar o conflito, mas que se mantém, na verdade, expressando um dilema compartilhado, expressando no sintoma as dores e as dificuldades de todo o grupo familiar.

Melanie Klein utilizou essa expressão para designar o mecanismo por meio do qual "uma combinação de partes cindidas do Eu é projetada em outra pessoa". Isso quer dizer que os sentimentos e as ideias derivados do mundo interno do indivíduo são cindidos (divididos em pedaços) e projetados a um objeto externo. Consequentemente, o sujeito fica desprovido dessa parte do Eu e a vivencia no objeto (a outra pessoa), como se este possuísse a parte projetada. A outra pessoa reciprocamente a recebe, num processo de convivência, por pactos que permanecem inconscientes aos sujeitos.

Nestas situações, o principal dano é que indivíduo e grupo permanecem descontentes e conflitados, como se ficassem presos em um certo "engasgo". Um exemplo é o caso de um estudante que tinha uma ideia forte de cursar Medicina e era muito incentivado pelos pais a seguir esta carreira. Mas, quando manuseava os grossos livros médicos, não se via lendo-os. Sua segunda opção era Pedagogia. Para fazer Medicina, afora não gostar de ficar preso aos livros, teria de estudar em período integral e parar de trabalhar, o que seria um problema, pois ele se sustentava. Mas ainda não era isso que o deixava em dúvida, pois havia a chance de batalhar uma bolsa de estudos. Por que a dificuldade de decidir, então?

Um dia, quando conversávamos sobre a vida familiar, o estudante referiu-se, no grupo, a uma experiência: tinha socorrido, havia já algum tempo, o próprio pai em crise cardíaca, e sentira-se

Família e escolha profissional 81

em grande apuro ao chegar ao hospital e ser impedido de entrar na sala de emergência, ficando solitário e desesperado do lado de fora. Eu disse-lhe, então: "Você já parou para pensar que, embora se tenha passado muito tempo, isso pode ainda doer muito em você? E que esteja considerando que, se fosse médico, provavelmente não teria sido impedido de entrar? Poderia acompanhar seu pai, saberia o que fazer e teria maior noção sobre a gravidade de seu estado! Estaria você imaginando que poderia evitar de se sentir novamente assim se fosse médico?" No encontro seguinte, o estudante contou no grupo que havia resolvido cursar Educação Física. Tinha a ver com o corpo, de algum modo; tinha a ver com ensino, de algum modo. Medicina e Pedagogia integraram-se. Parece-me que conversar sobre tais sentimentos liberou o estudante para fazer novo movimento, e ajudou-o a sair do lugar daquele em que conseguira poupar-se ou poupar seus familiares de viver insegurança e medo, nas situações em que estivessem às voltas com doença e com fragilidade humana! Não estaria ele sendo colocado e assumindo-se como responsável por expressar tais sentimentos pertinentes ao grupo familiar, ou seja, apresentam-se como solução para a ansiedade de haver um cardíaco na família, o que se atualizava no momento de sua escolha profissional?

Como não é o propósito neste espaço de um estudo mais aprofundado do conceito de reparação em Melanie Klein, creio que, para aquilo de que se trata aqui, caberia apenas entendermos que a escolha de uma profissão pode estar a serviço de uma tentativa de reparar, de "consertar" algo que se encontra estragado ou "quebrado" dentro do indivíduo ou, ainda, como foi visto, que a escolha pode surgir como significante de um conflito grupal, numa tentativa de representar tais conteúdos e apresentar uma solução. Como se, ao adquirir aqueles conhecimentos ou desempenhar tal papel, uma pessoa pudesse livrar-se de sensações interiores dolorosas. Bohoslavsky enfatizou a importância de observarmos estes movimentos de "falsas" reparações, salientando a necessidade de detectá-los, uma vez que mais tenderão a frustrar o futuro profissional do que a aliviá-lo ou enriquecê-lo, já que criam uma situação

Incluindo a família no programa de Orientação Profissional

Muitas vezes, para compreendermos esses processos, necessitamos da concreta presença dos pais em algum momento do trabalho, seja na entrevista inicial e/ou final, seja incluindo-os em algumas tarefas, entre sessões, efetuadas em casa.

Porém, incluir os pais ou familiares no trabalho de Orientação Profissional não significa, necessariamente, tê-los de modo concreto dentro das entrevistas. Muitos outros recursos podem ser utilizados para que se possam investigar as representações vinculadas ao processo de escolha profissional presentes na família.

Para exemplificar estes procedimentos, utilizarei de minha experiência de atendimento em um Serviço de Orientação Profissional[3], no qual este tipo de trabalho se inicia com uma entrevista em que compareçem o jovem e seus pais. Mesmo quando o jovem é maior de idade, no caso de a Orientação Profissional estar sendo paga pelos pais, usualmente sugerimos que estes venham a uma primeira entrevista com o filho, para conhecer o local, o orientador e conversar sobre o processo. Se os pais estão de acordo, e o filho aceita ficar, então marcamos mais oito sessões (com duração de uma hora) com o estudante, e uma última sessão novamente aberta aos pais, se o estudante não se opuser.

Esclarece-se ao estudante que será conversado, nesta ocasião da presença dos pais, no último encontro, o que for combinado entre ele e o orientador no nono encontro, e que ele estará resguardado por sigilo, podendo conversar sobre o que quiser em suas entrevistas, e que nada será comunicado a seus pais ou compartilhado com eles sem sua permissão. No grupo, obedece-se aos mesmos critérios.

---

[3] Na LAÇOS – Núcleo de Estudos e Reciclagem da Família.

Família e escolha profissional 83

Os pais vêm com seu filho numa entrevista à parte, o jovem entra para o grupo (com duração de doze encontros de duas horas) e, ao término dos encontros, os pais que desejarem podem solicitar um retorno com seu filho para uma conversa com o orientador.

Deste modo, buscamos obter uma rápida avaliação sobre a psicodinâmica do grupo familiar em que o estudante está inserido e, também, um levantamento sobre as fantasias de todos relativas à escolha profissional. Partimos do princípio de que a Orientação Profissional é importante justamente na medida em que pode auxiliar o orientando a conhecer e considerar os processos envolvidos neste imaginário familiar.

Quando o orientando é maior de idade e ele próprio está pagando a Orientação Profissional, o trabalho é feito sem a participação dos pais, mas a família é considerada, a partir da forma como ele a representa, ou seja, enquanto contexto familiar trazido por ele em seu discurso. Assim, estaremos operando com a noção de "objetos internos" e com a noção psicanalítica de "familidade" – um tipo de família interna que corresponderia a uma parte da vida mental de uma pessoa, em constante atividade. Nessa concepção, a interação familiar é resultado da interação complementar das diferentes partes de familidade dos indivíduos neste grupo.

Mesmo em uma Orientação Profissional podemos estar atentos a tais processos. O orientando, aparentemente, traz a realidade de sua família em sua fala, durante o trabalho, mas precisamos considerar que, na verdade, traz suas representações sobre como a família funciona. Para investigarmos como os pais veem seu filho e o momento de escolha profissional, utilizamo-nos de algumas atividades. Por exemplo, solicitamos que o jovem entreviste seus pais sobre o porquê de escolherem chamá-lo por tal nome: Pedro, Túlio, Marta etc. Surgem falas interessantes como: "Escolhi Míriam porque, na época, havia uma personagem bonita e rica numa novela com este nome"; "Escolhemos Renata porque era o nome de uma tia muito querida, que havia falecido há pouco tempo, na época, e lhe fizemos esta homenagem"; "Escolhemos Samara porque a primeira filha chamava-se Samira e, assim, achamos outro nome que começasse com S". Desse modo, os pais representam algo sobre o que esperavam daquele filho e expõem suas fantasias. No primeiro caso, a mãe parece deixar claro que espera ter uma filha bonita e rica; no segundo, Renata pode representar o "renascimento" da tia falecida, como um tipo de substituição da pessoa querida; no terceiro, Samara e Samira não são gêmeas, mas parecem não possuírem uma diferenciação aos olhos dos pais. Pode acontecer, ainda, que o próprio estudante narre situações dessa ordem, durante uma sessão, como é o caso da estudante que se dizia a "ovelha negra" de sua família e conta: "Meu pai procurava nomes que começassem com a letra T no jornal, na sessão de procurados pela Polícia!"

Solicitamos, ainda, ao estudante que peça aos pais para lhe escreverem uma carta dizendo como veem seu momento de escolha profissional. As cartas são lidas e discutidas no encontro do grupo. Vejamos alguns destes discursos:

Mãe: "Acho muito difícil e complicado esse momento em que está em decisão o futuro da sua vida profissional. Dou todo apoio e espero estar passando para você minha solidariedade. Penso que você ainda é muito nova para tomar essa decisão, sinto que, se as dúvidas continuarem, você deve dar um tempo para deixar esta ansiedade acalmar-se, e talvez aflorarem ideias novas. Não tenho ainda sonhos ou ideais em relação à sua profissão, mas gostaria muito que você em primeiro lugar se conhecesse, desse um tempo pensando sempre no que lhe dá prazer em fazer. Conte comigo."

Mãe: "Gostaria que a Paula terminasse o teste com uma meta e amadurecida para o estudo na área desejada. Não tenho objeção por nenhuma área, desde que fosse a real motivação de Paula."

Mãe: "Como me sinto nesta fase em que minha filha está escolhendo sua profissão? Neste momento da escolha da profissão da minha filha, sinto-me feliz e tranquila, porque acho que é um período muito especial para ela, no qual a tranquilidade é um fator muito importante. Vejo que ela está passando por um

Família e escolha profissional 85

período de muitas dúvidas, de estar questionando bastante, mas não importa; tudo isso faz parte."

Pai: "Estou muito animado por você estar tentando achar a sua profissão e, ao mesmo tempo, programar seu futuro. Sempre achei que esta seria uma fase difícil, mas com um número grande de profissões alternativas, e você poderia ser bem-sucedida; acho válida esta tentativa de identificar qual delas seria a escolhida. Opinião sobre minha ideia de que profissão você deveria escolher, acho muito precipitada. Vou torcer para que a orientação que você vem recebendo sirva para pelo menos abrir seus olhos e ajudá-la a decidir o mais próximo de sua intenção. Voltaremos ao assunto."

Pai: "Prezados senhores, estamos expondo a nossa opinião quanto aos testes que a minha filha Carla vem submetendo-se nesta entidade. A ideia de que a mesma deveria fazer teste de aptidão foi minha, pois a mesma, quando ficou em condição de optar por uma carreira universitária, demonstrou estar totalmente confusa, fazendo exames para várias áreas, tais como exatas, biológicas e humanas ao mesmo tempo, fato que me chamou a atenção. Procurarei mostrar a confusão que se apresentava, e que fatos desta natureza podem trazer, e normalmente trazem, problema futuro quanto à escolha de uma atividade que não se adequa à pessoa. Assim sendo, autorizamos a passar pelos testes que os senhores a submeteram. Para encerrar, ao meu ver, a Carla apresenta tendência para: artes, comunicação, propaganda e criações. Espero ter contribuído em algo positivo para ela. Atenciosamente"

Pai: "Acredito que dois sentimentos predominam neste momento. Às vezes me parecem antagônicos. Um mais emocional; outro mais racional. Não é fácil optar-se pelo desconhecido, por mais que se fale dele. Não que seja uma decisão definitiva. Ela é reversível, porém, muito difícil e não sem algum sofrimento. Por isso é que os sentimentos são confusos e contraditórios. Evidentemente desejo que minha filha opte por uma carreira que a satisfaça integralmente. Que seja brilhante e integrada no que fizer. Nem sempre este caminho rende dividendos. Se então surge o outro sentimento, mais lógico, menos emotivo. Se ela seguir uma carreira relacionada à minha atividade, tudo fica mais fácil. Além da 'alavancagem' na carreira, poderei transmitir-lhe um pouco de minha experiência. Agora 'ela é quem decide'."

Deste modo, torna-se possível compor algumas impressões sobre a atitude dos pais em relação à escolha profissional de seu filho e a atmosfera gerada em torno disso. A primeira mãe, por exemplo, parece apresentar-se sem pressa, dando apoio e solidariedade à filha. Contudo, dá a impressão de colocá-la numa posição infantil de incapacidade, quem sabe porque ela própria também se veja "ainda" sem um ideal definido para a filha. No entanto, ao sugerir que se acalme e aguarde "ideias novas", pode estar informando à filha que não acha as atuais ideias desta muito boas, apenas fruto da ansiedade e do autodesconhecimento. Possivelmente transmite, então, a ideia de que o critério da escolha deve ser o "prazer" amadurecido. A segunda mãe, ao contrário da primeira, transmite pressa. Seu discurso, sem dúvida, é perpassado por uma cobrança de objetividade e amadurecimento, sem chance para erros, fantasias, ilusões. A terceira mãe destaca-se pelo sentimento de tolerância, mostrando-se suficientemente compreensiva com as dúvidas de sua filha. Parece continente aos questionamentos, entendendo-os como parte do processo. A felicidade desta mãe sugere que acompanha os momentos especiais da vida da filha. Quanto à tranquilidade, parece haver uma confusão sobre quem é quem: a mãe sente-se tranquila, porque a tranquilidade (da filha) é importante no momento da escolha.

O discurso do primeiro pai parece marcado pelo entusiasmo. Esse pai afirma que a filha pode ter sucesso em várias "profissões alternativas". É possível que isso possa ser ouvido pela filha como um voto de confiança ou uma cobrança para que seja bem-sucedida. Na escolha, o pai não cobra precisão: "o mais próximo de sua intenção". Qual intenção? Há algo no ar subentendido. É precipitado

Família e escolha profissional
87

para o pai dizer já o que ele pensa. Assim, parece que o lugar que ele dá à Orientação Profissional é de abrir os olhos da filha e ajudá--la a decidir, mas a decisão mesmo parece depender de uma futura conversa com o pai, que diz: "voltaremos ao assunto". Já o segundo pai parece mostrar-se um tipo formal preocupado. Fala de uma filha confusa e mostra-se um pai atento. De maneira formal, procura exercer a função paterna, tentando evitar que a filha tenha problemas futuros. Ele parece saber o que é ruim e o que é bom para ela. Penso que a filha pode aí sentir-se cobrada no sentido de tomar a escolha certa, sob o critério paterno. A filha parece ao pai muito criativa, mas também dispersa ao tentar três áreas diferentes. Neste momento, ele surge como quem aparece para normatizar o caos: "ao meu ver a Carla apresenta tendência para: artes, comunicação, propaganda e criações". O terceiro pai mostra-se "tutor". Em seu discurso, parte de uma oposição entre o racional (ficar ao lado do pai, protegida) e o emocional (optar por algo de que goste). Assim, se a filha se deixar levar pelo "emocional", ou seja, se fizer escolha própria, terá consequências: estará sujeita a erros e sofrimentos. Poderá ser brilhante e sentir-se bem, mas ganhará pouco. Se for "lógica" e abandonar seus sonhos de felicidade, será recompensada pelo ensino do que o pai sabe e ganhará muito bem. A escolha parece ser esta: ficar com o pai, apoiada e rica, ou sem o pai, feliz e pobre. Vê-se que não devia ser fácil para ela assumir essa responsabilidade do "ela é quem decide".

Como se pode observar, não se duvida do amor e das boas intenções desses pais e dessas mães. No entanto, é importante observar que, por trás de seus discursos, os filhos podem ouvir muito mais que um gesto de amor. As interpretações aqui esboçadas são apenas um exemplo de como os filhos podem ouvir – normalmente sem se darem conta – a fala dos pais, que permanecerá acoplada às motivações inconscientes determinantes da escolha profissional.

Em outras situações, os pais manifestam-se sem serem solicitados. É o caso da mãe que telefonou, dizendo que estava preocupada com a filha, que, segundo ela, vinha saindo de cara feia da

Orientação Profissional, e que, por isso, ela achava que a filha não estava aproveitando. Falava como quem dava uma bronca.

No grupo, a estudante era participativa e interessada, e comentou que desgostava de determinadas condutas de sua mãe. Aos orientadores pareceu que a mãe queixava-se por ter "ficado de fora", apenas com a tarefa que ela mesma se impunha de levar e buscar sua filha. Há ainda o caso da mãe que telefonou para o orientador após sua filha de catorze anos ter pedido as informações sobre o programa de Orientação Profissional e marcado a primeira entrevista (para ela e a mãe), e diz: "Estou telefonando para desmarcar a entrevista que minha filha deixou marcada. Ela é muito imatura ainda. Ela faz isso, mas é muito criança. É muito cedo! É que você não a conhece; se ela for aí, você vai ver!" Temos, nestas duas situações, diversos elementos que nos permitem, já de antemão, pensar o vínculo destas estudantes com suas mães e com a escolha de suas carreiras.

Assim, os pais acabam por fazer uma presença no desenrolar do processo, às vezes aparecendo, ainda, com informações valiosas. Por exemplo, uma mãe ligou contando que o filho passara muito mal, com dor de barriga fortíssima, e que ela, mãe, teve de socorrê-lo levando-o ao pronto-socorro, onde a médica de plantão lhes disse que se tratava de uma "crise nervosa". Paulo tinha sentido dor de barriga no dia em que iria visitar um local de trabalho – tarefa que havia sido combinada na sessão de Orientação Profissional. Paulo cursava, na época, o primeiro ano de Engenharia e desejava mudar de curso, retornando ao vestibular. Continuava a ir à faculdade porque seus pais lhe haviam dito que não poderia parar para ficar sem fazer nada. Porém não estudava e encontrava-se com notas muito ruins. A informação sobre a dor de barriga parecia mostrar-nos que investigar novas alternativas ocupacionais deixavam-no tão tenso quanto frequentar as aulas da faculdade sob a pressão dos pais. É provável que a própria ideia de buscar saídas para seu problema fosse sentida por ele também como perigosa.

Família e escolha profissional 89

É possível observar que, quando um pai contrata um serviço de Orientação Vocacional para seu filho, na verdade, está mais contratando algo que lhe está na cabeça do que, de fato, o que os orientadores se propõem a oferecer. Penso que a expectativa dos pais é sempre ampliada, e que caberiam as seguintes questões: "o que pensam estar pagando? Qual é a encomenda que estariam fazendo para o futuro de seu filho?"

Ocorre, mesmo, em certas ocasiões, que o filho aceite ficar para o trabalho e que, no momento de pagar a inscrição, o pai fique ansioso, novamente pondo-se a fazer perguntas. Como contratam um trabalho que, para conhecer, é necessário experimentar, e que se começa sem saber qual será o destino, a Orientação torna-se um terreno fértil para o depósito de muitas inquietudes. Há pais que receiam a influência que o trabalho de orientação poderá ter na vida de seu filho; outros que gostariam que o filho começasse o processo com "certificado de garantia" de aproveitamento; outros que gostariam de ter, eles próprios, poderes extras para ajudarem o filho nisto; outros, ainda, que gostariam de "refazer" a própria vida por meio da oportunidade atual de seu filho: por exemplo, a mãe que nunca trabalhou e que desejava ter-se profissionalizado, e fica maravilhada com uma carreira universitária para a filha, quase como se estivesse indo sentar-se na cadeira ao lado da filha, assistindo ao curso.

Todas essas considerações foram feitas no sentido de salientar o universo rico que se pode adicionar a este tipo de trabalho, quando se concede um lugar de participação aos pais.

À guisa de esclarecimento, todos os nomes dos orientandos citados nestes exemplos são fictícios.

Considerações finais

Vimos como os processos afetivos vividos no universo da família se relacionam e condicionam o tipo de escolha profissional realizado por um de seus elementos. Neste caso, destacamos o processo por intermédio do qual uma escolha profissional pode configurar-se como um sintoma produzido no grupo familiar, expresso nas dúvidas e certezas do membro que está diante da escolha – geralmente o filho.

Vimos, também, exemplos de como a solicitação da participação dos pais no processo de Orientação Profissional pode contribuir para a análise e a elaboração, pelo indivíduo, destes elementos subjacentes à escolha ocupacional.

No decorrer do texto, enfim, procuramos mostrar como esta visão do processo de escolha profissional implica uma Orientação Profissional voltada para a localização e a interpretação para o orientando, e, quando é o caso, também para a família, dos conflitos subjacentes. Pudemos, assim, perceber que a escolha profissional se monta, muitas vezes, como um artifício imaginário para a "solução" de conflitos que, em sua origem, nada têm a ver com a profissão, e que jamais serão solucionados realmente por uma escolha de carreira.

Ao fazerem emergir as motivações inconscientes ao processo de escolha, e colocá-las em pauta nas sessões individuais ou com a família, procuramos desligar a escolha profissional do conflito que a direcionava. Desta forma, por um lado, a escolha se flexibilizará para atender a outras motivações e necessidades, e o conflito, por outro lado, poderá ser encaminhado para uma outra solução. Nesta linha, torna-se responsabilidade do orientador verificar o campo a que o conflito se refere e encaminhar o orientando, ou a família toda, para o atendimento profissional respectivo. Como exemplos vistos, uma infertilidade precisará de atendimentos médico e psicológico; a ansiedade diante de um membro cardíaco na família poderá ser tratada em uma terapia familiar.

Referências

BOHOSLAVSKY, R. *Orientação Vocacional* – a estratégia clínica. São Paulo: Martins Fontes, 1977.

DIAS, M. L. *O que é psicoterapia de família?* São Paulo: Brasiliense, 1990.

_____. *Vivendo em família* – relações de afeto e conflito. São Paulo: Moderna, 1992.

LEVISKY, D. L. Algumas contribuições da psicanálise à psicopedagogia. In: SCOZ, B. J. L. (Org.) et al. *Psicopedagogia* – contextualização, formação e atuação profissional. Porto Alegre: Artes Médicas, 1992, p. 48.

KLEIN, M. et al. *Os progressos da psicanálise.* Rio de Janeiro: Zahar Editores, 1982.

KLEIN, M.; RIVIERE, J. *Amor, ódio e reparação – as emoções básicas do homem do ponto de vista psicanalítico.* 2a ed. Rio de Janeiro: Imago & EDUSP, 1975.

MEYER, L. *Família* – dinâmica e terapia. 2a ed. São Paulo: Brasiliense, 1987.

MÜLLER, M. *Orientação Vocacional* – contribuições clínicas e educacionais. Porto Alegre: Artes Médicas, 1988.

RICHTER, H. E. *A família como paciente.* São Paulo: Martins Fontes, 1979.

SEGAL, Hanna. *Introdução à obra de Melanie Klein.* Rio de Janeiro: Imago, 1975.

O uso da técnica de *Sandplay* (caixa de areia) no processo de Orientação Profissional – uma abordagem junguiana

Patrícia Dias Gimenez[1]

Uma visão junguiana do processo de escolha

A pessoa que procura por um atendimento de Orientação Profissional está pedindo-nos que a ajudemos a enxergar qual é o seu caminho em um momento especial de sua vida, quando ela se vê diante de várias bifurcações. Durante toda a nossa vida, estamos diante de diferentes tipos de bifurcações que nos levam a optar por um caminho e a sacrificar os outros não escolhidos. Escolher é aceitar fazer um sacrifício. Sacrificar nos lembra da morte. E a morte, como é vista em nossa sociedade ocidental, não tem sentido. Morrer para quê? Para onde vamos? O que ganhamos com isso? Essas são grandes questões a que não podemos responder, apesar dos grandes progressos científicos de nossa era.

Morte-Vida são dois polos. A nossa sociedade tende a polarizar, tomando um polo como bom e o outro como ruim. Não consegue enxergar os dois como partes de um todo. No caso da Morte-Vida, obviamente o polo que é vivenciado como bom, como possível de frequentar os "domínios" da consciência, é a Vida. A Morte deve ir para a sombra[2], isto é, ser negada, e pode-se até tentar

---

[1] Psicóloga clínica junguiana, mestre em Psicologia Social no IPUSP, membro da SBPA (Sociedade Brasileira de Psicologia Analítica) e da IAAP (international Association for Analytical Psychology). *Adolescência e escolha: um espaço ritual para a escolha profissional através do sandplay e dos sonhos.*

[2] Sombra "[...] é um arquétipo que se refere ao que todo homem despreza e não pode aceitar em si mesmo", in Dicionário crítica de análise junguiana, de A. Samuels, B. Shorter, E.

obter certo controle sobre ela para que não suba à superfície, o que, efetivamente, é impossível. Um dia ela acaba aparecendo, mesmo sem ser chamada.

A palavra sacrifício nos lembra derramamento de sangue em vão. É coisa de bárbaros, de pagãos, mas também é um tema básico no cristianismo. Aliás, é básico na história das religiões. Geralmente não conseguimos ver o lado criativo do sacrifício, porém ele pode ser uma função estruturante criativa[3], isto é, por meio dele podemos criar novas estruturas em nossa personalidade, as quais nos possibilitem uma adaptação melhor ao meio externo e, simultaneamente, ao nosso mundo interior. O sacrifício gera uma transformação mediante a perda da experiência anterior. É o movimento natural do morrer e do renascer, do velho dando espaço ao novo. Enquanto não aprendemos a morrer, a deixar morrer em nós e em nossas vidas o que não serve mais, o que não faz sentido, dificilmente conseguimos realmente *viver*. A fixação gera a morte em plena vida. Nós não precisamos morrer concretamente para estarmos mortos. Isso é uma ilusão; muitas pessoas estão mortas e não sabem, e descrevem essa experiência como uma sensação de "água parada".

Pois bem, o que nós temos de sacrificar no momento da escolha profissional, especificamente? Não podemos deixar de levar em conta o momento em que normalmente ocorre essa necessidade da escolha profissional: a adolescência. É justamente nesse momento da vida, quando o adolescente está tendo de sacrificar uma série de coisas, que ele tem de fazer essa escolha. Ele está

Plaut, Ed. Imago, 1988; Rio de Janeiro. Carlos Byington conceitua sombra, em seu artigo "Adolescência e interação do self individual, familiar, cultural e cósmico. Introdução à psicologia simbólica da dinâmica familiar", na Revista Junguiana número 6, como sendo o depósito para onde vão os símbolos estruturantes mandados pelo Arquétipo Central (*Self*) que, por um motivo ou por outro, não puderam integrar a Consciência.

[3] A ideia do Sacrifício como função estruturante criativa foi colocada por Carlos A. Byington em um curso sobre Psicopatologia simbólica, da Sociedade Brasileira de Psicologia Analítica, em 1992. Essa ideia está, por sua vez, baseada no último capítulo do livro *Símbolos de transformação*, denominado "O Sacrifício", escrito por C. G. Jung em 1914 (neste livro, Jung desenvolveu, pela primeira vez, os conceitos que levaram ao seu rompimento com Freud).

O uso da técnica de Sandplay *(caixa de areia) no processo de Orientação Profissional* **95**

sacrificando o seu "estado infantil": seu corpo, sua dependência em vários sentidos dos seus pais, sua visão de mundo e dos relacionamentos. Escolher uma profissão é uma das primeiras tarefas realmente importantes (muitas vezes essa importância é ainda mais exagerada) que o adolescente tem de fazer *sozinho*. Até então, a maioria das escolhas eram feitas pelos pais, ou pela escola etc. Mas escolher a profissão que *ele* quer seguir, somente *ele* pode fazê-lo (pelo menos deveria ser assim). Somente ele tem a chave desse mistério. Contudo, onde ela está? É como se a esfinge lhe desse o enigma para resolver e dissesse: "Decifra-me ou te devoro", como no mito do Édipo Rei.

Partamos do pressuposto básico (que não é tão básico assim para muitos) de que a única pessoa que pode ter a resposta é aquela própria que está escolhendo. No entanto, onde está, dentro dela, essa resposta? Se alguém nos está procurando para um trabalho de OP, poderíamos supor que a resposta não está no consciente (isso nem sempre é verdade; muitas vezes é muito fácil chegar à resposta, que está quase na superfície, mas, por algum motivo, não pode ser vista e assumida). Às vezes, precisamos ir mais fundo, dar voz e espaço a dimensões mais profundas do nosso ser para podermos chegar a essa resposta. E, para isso, é preciso um sacrifício.

É preciso sacrificar a nossa ilusão de que o Ego (o centro da consciência) é o centro da personalidade também. Ele não sabe de tudo e não pode ter controle sobre tudo, o que é uma ilusão que precisamos criar para crescermos. Para que nos diferenciássemos como indivíduos, do mundo inconsciente em que estávamos mergulhados, em completa sintonia, quando nascemos, foi preciso que crescêssemos acreditando no grande poder de estruturação e de discriminação do Ego. Essa vivência é descrita muitas vezes nos mitos e nos contos de fadas, como a batalha do herói contra o dragão, contra o monstro devorador. Esse dragão nunca será totalmente morto pelo herói (acontecem vitórias e derrotas temporárias e parciais). Chega um momento em que o tipo de relação existente entre o herói e o dragão precisa mudar e passar a ser da aceitação de ambas as partes de que um depende do outro.

96 *A escolha profissional em questão*

Eliminar totalmente o dragão significaria uma grave lesão na ligação entre o Ego e o Inconsciente, o que indicaria a ocorrência de uma séria dissociação. Para continuarmos o nosso desenvolvimento, o nosso crescimento, para acharmos o caminho que nos reata, que gera um novo tipo de relacionamento com o nosso centro, onde podemos encontrar as respostas que precisamos para tomar as decisões na nossa vida, é preciso sacrificar essa ilusão de poder que temos em relação à consciência. Isso, entretanto, é difícil para nós, que crescemos aprendendo a arte do controle. A nossa sociedade acentua a nossa necessidade de controle. Mas, para que uma escolha autêntica seja possível, precisamos sacrificá-lo. E o que torna possível abdicarmos a esse controle ilusório é a confiança de que há uma orientação no Inconsciente[4] para a totalidade, para a realização do *Self*[5].

No simbolismo alquímico, esse processo corresponderia ao processo químico descrito como *mortificatio*. No processo alquímico, os alquimistas buscavam a transformação da *prima materia*. Eles buscavam, por meio de vários processos, obter dessa matéria inicial uma transformação que os levasse ao *opus alchymicum*, que era simbolizado pelo ouro ou pelo elixir da eterna juventude. A alquimia é um processo simbólico que nos serve como um mapa daquilo que Jung descreveu como o processo de individuação[6]. Ele considerava as experiências alquímicas como uma contraparte histórica das suas experiências com o inconsciente. O alquimista projetava na matéria aquilo que era, na realidade, uma experiência do seu próprio Inconsciente. Um desses processos pelo qual

---

[4] O Inconsciente, para Jung, consiste no Inconsciente pessoal, formado por conteúdos conscientes que sofreram repressão, e no Inconsciente Coletivo, uma instância universal formada por imagens primordiais as quais ele denominou arquétipos.

[5] *Self* seria "o potencial para a integração da personalidade inteira", o potencial para a totalidade inerente ao ser humano. Jung se refere ao *Self* como o "centro da personalidade" (in *Dicionário crítico de análise junguiana*).

[6] "A individuação pode ser vista como um movimento em direção à totalidade, com a integração das partes conscientes e inconscientes da personalidade. Isso sugere o assumir da própria identidade no que ela tem de mais autêntica, e, assim, realizar o seu potencial" (in *Dicionário crítico de análise junguiana*).

O uso da técnica de Sandplay *(caixa de areia) no processo de Orientação Profissional* 97

deveria passar a matéria a ser transformada era a *mortificatio*, a Morte, o sacrifício da matéria. Nas gravuras e textos alquímicos, esse processo foi muitas vezes representado pelo sacrifício do Rei, do Sol ou do Leão. Esses três símbolos se referem ao princípio diretor do Ego consciente e ao instinto de poder. Isto é, nesse processo, o sacrifício do Ego como princípio diretor da personalidade se faz necessário para que continue a transformação em processo. Esse princípio diretor perdeu sua eficiência. Por meio do seu sacrifício, entretanto, é possível entrar em contato com a psique autônoma, com o real princípio diretor da nossa personalidade, que é o *Self*.

Podemos encontrar paralelos simbólicos para a questão do sacrifício, como este que a alquimia nos oferece, em vários mitos, contos de fadas etc. Essa riqueza de simbolismo expressa a importância psíquica dessa questão nas mais diferentes culturas em todo o mundo. E, mais que isso, essa ampla produção simbólica nos mostra, também, como lidar com esse processo; mostra-nos um caminho a seguir.

A técnica da caixa de areia (*Sandplay*)

A técnica de *Sandplay*, que no Brasil chamamos de "caixa de areia", foi desenvolvida por Dora Kalf, analista junguiana suíça. Ela baseou-se na *World Technique*, uma técnica desenvolvida por Margaret Lowenfeld, psicanalista inglesa, que, por intermédio das suas observações com crianças, percebeu que espontaneamente elas colocavam os brinquedos dentro da caixa de areia que estava à disposição delas na sala de brinquedos, formando "seus mundos".

Kalff foi a Londres para trabalhar e estudar com Lowenfeld e outros, inclusive Michel Fordham e D. W. Winnicott. Ela retornou, então, para a Suíça e começou a sua prática com crianças, usando a simbologia junguiana e desenvolvendo a sua própria versão da terapia da caixa de areia. Partia da hipótese básica, que foi postulada por Jung, de que a psique consiste no consciente, no inconsciente e na interação entre eles, e é um sistema autorregulador com orientação teleológica. Ela possui uma direção para a totalidade e tem uma tendência a se balancear por meio da função compensatória do inconsciente. Para que essa direção possa ser realizada, é necessário dar ao paciente um espaço livre e protegido, aceitando essa manifestação do inconsciente do paciente de forma incondicional, observando sem fazer julgamentos e sendo guiada unicamente pelas suas observações. Pode dizer-se que a experiência que Jung descreve em *Memórias, sonhos e reflexões,* quando aborda a necessidade que sentiu, no período que se sucedeu ao seu rompimento com Freud, de voltar a brincar, como na época em que tinha onze anos, fazendo construções na areia, seria uma experiência precursora dessa técnica:

> Ah, ah! – disse a mim mesmo – aqui há vida! O garoto anda por perto e possui uma vida criativa que me falta. Mas como chegar a ela? Parecia-me impossível que o homem adulto transpusesse a distância entre o presente e meu décimo primeiro ano de vida. Se eu quisesse, entretanto, restabelecer o contato com essa época da minha vida, só me restava voltar a ela acolhendo outra vez a criança que até então se entregava aos brinquedos infantis. Esse momento marcou um ponto crucial em meu destino. Só me abandonei tais brincadeiras depois de repulsões infinitas, com um sentimento de extrema resignação e experimentando a dolorosa humilhação de não poder fazer outra coisa senão brincar. [...] Todos os dias depois do almoço, se o tempo permitia, eu me entregava ao brinquedo de construção [...] Com isso meus pensamentos se tornavam claros e conseguia apreender de um modo as fantasias das quais até então tivera apenas um vago pressentimento. [...] Naturalmente, eu cogitava acerca da significação de meus jogos e perguntava a mim mesmo: "Para falar a verdade, o que fazes? Constróis uma pequena colônia e o fazes como se fosse um rito?" Eu não sabia o que responder, mas tinha a íntima certeza de trilhar o caminho que levava ao meu mito. A construção representava apenas o início. Ela desencadeava toda uma sequência de fantasmas que mais tarde anotei meticulosamente.

O *uso da técnica de* Sandplay *(caixa de areia) no processo de Orientação Profissional* 99

Foi esse processo, de dar formas concretas às suas fantasias e às suas observações com pacientes, que o levou à conceituação do processo de individuação, da função transcendente e da técnica de imaginação ativa – que são conceitos básicos dentro da sua teoria. Esse trabalho com a caixa de areia tem como base o resgate da nossa capacidade de brincar. Harold Stone coloca no prefácio do livro *Sandplay,* de Dora Kalff:

> Brincar é fundamental e necessário para crianças e adultos. A conexão com o brincar é a conexão com a fantasia, e é essencial que o brincar e a fantasia tenham chance de operar em nossas vidas, pois elas são "avenidas centrais" através das quais o ego contacta e permanece em contato com o profundo reservatório de símbolos que chamamos de *Self.*

De acordo com a visão junguiana, os símbolos têm conteúdo *numinoso,* transformador. Eles falam da interioridade, de potenciais inatos do ser humano que, quando manifestados, sempre influenciam o desenvolvimento do homem, funcionando como um agente autorregulador que age reconstituindo a ponte entre os opostos.

O terapeuta tem como objetivo, no processo de análise, criar um espaço livre e protegido que possibilite a constelação dos símbolos do *Self.*

No trabalho com a caixa de areia, o símbolo desempenha um grande papel. A caixa tem dimensões (57x72x7) que limitam a imaginação e, portanto, agem como um fator regulador e protetor. O equipamento básico para a técnica consiste na caixa com as dimensões dadas acima, preenchida pela metade com areia. O fundo deve ser azul, para dar a impressão de água – um rio, um mar ou um lago. Pode usar-se água para molhar a areia e modelá-la. Por esse motivo, o material interno da caixa deve ser impermeável. Vários objetos e figuras de vários tipos são oferecidos, as quais incluem representações realistas de animais selvagens e domésticos, peixes, pássaros, conchas, carros, trens, barcos, aviões, pontes, construções, igrejas, árvores e flores, figuras humanas (de

100   *A escolha profissional em questão*

diferentes nacionalidades, raças, profissões etc.). Enfim, deve ter-se um mundo em miniatura. Não são dadas instruções específicas. O paciente arruma qualquer figura que ele tenha escolhido na areia. O cenário que é produzido pode ser compreendido como uma representação tridimensional de algum aspecto da situação psíquica. Uma questão inconsciente é colocada na caixa como um drama; o conflito é transposto de um mundo interno para o mundo externo e é feito visível. Esse jogo de fantasia influencia a dinâmica do inconsciente do paciente e afeta a sua psique.

O terapeuta interpreta para ele mesmo os símbolos que emergiram. Sua compreensão produz uma atmosfera de confiança entre o analista e o paciente, como a unidade mãe-filho original, que exerce uma influência curadora. Não é necessário comunicar em palavras essa compreensão (somente em certas circunstâncias isso ocorre).

Os detalhes e a composição do cenário indicam ao terapeuta o caminho a seguir no trabalho. Após a composição do cenário, o analista pode pedir ao paciente que lhe conte uma história sobre a cena, ou pode, então, fazer perguntas que sejam relevantes, ou, ainda, juntamente com o paciente, pode tentar amplificar os símbolos que foram trazidos, fazendo associações, ou falar sobre assuntos que lhe tenham sido sugeridos a partir da caixa.

A caixa nunca é desfeita na presença do paciente. Ele deve deixar a sala com a cena intacta, para que leve consigo essa última imagem. Tiram-se fotografias do cenário que foi montado, as quais são apresentadas ao paciente no momento considerado oportuno pelo terapeuta.

A técnica dentro do trabalho de Orientação Profissional

Tenho me surpreendido nos atendimentos de OP com a aceitação por parte dos pacientes em experimentar a técnica da caixa de areia, bem como com os resultados obtidos no sentido de propiciar uma visão concreta e profunda da dinâmica psíquica dos

O uso da técnica de Sandplay (caixa de areia) no processo de Orientação Profissional

pacientes. Percebo, muitas vezes, uma certa relutância por parte deles quando sugiro uma técnica expressiva, como desenhar, quando eles se preocupam com a questão estética, com o "não saber desenhar". É claro que nesses casos sempre se coloca que não se está interessado na estética, e geralmente é possível conseguir materiais importantes por meio dessas técnicas também (eu nunca as dispenso). Mas o que me surpreendeu no contato com os pacientes de OP, ao usar a caixa, foi perceber que o fato de ela ser uma técnica completamente desconhecida (enquanto prática psicológica e, mais especificamente, de OP) e ao mesmo tempo conhecida (muitos pacientes relatam brincadeiras desse tipo que faziam quando eram crianças) gera curiosidade e coragem para experimentá-la em diferentes pessoas: muito introvertidas, extremamente "verbais", que aparentemente estão muito defendidas...

Uma hipótese que eu tenho levantado é a de que o contato com a caixa logo no início do processo (na segunda ou terceira sessão) facilita a construção do vínculo de confiança, o que, num processo breve como é o de OP, é muito importante. Nos casos em que utilizei a caixa no início do processo, percebi a possibilidade de obter acesso a um nível de informação mais profundo, fato que nos atendimentos normais só me era possível após um número significativo de sessões. Com isso, tenho a oportunidade de, naquela que eu chamaria de uma primeira fase dentro do atendimento de OP, na qual exploramos a dinâmica psíquica do paciente, fazendo uma "exploração do terreno", chegar a símbolos profundos da psique por meio de imagens concretas que o mobilizam profundamente e geram novos "materiais" psíquicos, possibilitando a mim, como terapeuta, e ao paciente uma visão clara, concreta e profunda da sua dinâmica.

A partir disso, exploro junto a ele qual o caminho que podemos seguir e quais informações serão necessárias para a nova jornada a que ele está propondo-se (se ele realmente estiver propondo-se a iniciar uma nova jornada). Esse momento de busca de informações, em que trabalhamos com a questão profissional de uma forma mais direta, é o que eu chamaria de segunda fase do atendimento. Ela só é possível, na minha opinião, com uma "preparação de terreno" anterior, com a busca da estrutura para podermos construir em terreno firme. Consideraria, ainda, uma terceira fase, na qual trabalho o final do processo, o vínculo terapêutico que foi estabelecido, o significado deste movimento breve e profundo que fizemos juntos na vida do paciente e o espaço que há em sua vida para esses novos "conhecimentos" adquiridos no processo.

Estudo de caso

M. era uma moça de 22 anos, de origem oriental (seus pais são japoneses), muito tímida e com uma certa dificuldade em fixar o olhar enquanto falava comigo. Ela procurou o atendimento em Orientação Profissional, pois estava insatisfeita com o curso de Engenharia que estava fazendo há três anos. Logo na primeira sessão, ela considerou que havia uma relação entre a sua escolha e a escolha do irmão mais velho, que é engenheiro e cursou a mesma faculdade que ela estava cursando. Ela relatou também que sempre pensou que deveria investir mais no seu lado mais fraco. Como desde pequena tinha dificuldades na área de exatas, sempre optou por cursos que fossem desenvolver mais esse seu lado, considerado fraco. No Ensino Médio, optou por cursar a mesma escola que seu irmão (uma escola particular muito conhecida e "forte"), mas acabou repetindo o primeiro ano e completando o Ensino Médio num colégio mais fraco. No Ensino Superior, ela também repetiu o primeiro ano, estando cursando, na época em que o atendimento foi feito, o segundo ano do curso.

Diante desta situação, M. estava propondo-se a questionar sua opção pelo seu lado "mais fraco", o que ela dizia estar fazendo já há um bom tempo, e a tentar entender por que isso estava acontecendo e quais as consequências dessa opção na sua vida atual.

Pôde ser percebido, desde o início do trabalho, que a sua opção profissional estava no centro de suas preocupações. A vida social de M. era praticamente inexistente, e ela nunca havia namorado.

O uso da técnica de Sandplay (caixa de areia) no processo de Orientação Profissional

Dizia não ter tempo para sair já que precisava despender todo o seu tempo livre para o estudo. O relacionamento com os pais também era muito afastado; dificilmente conversava com eles. A pessoa da família com quem mais conversava era sua irmã, que, desde o ano passado, estava estudando Biologia numa cidade do interior. M. dizia que sua irmã era a única em sua casa que havia feito a opção certa, escolhendo aquilo de que mais gostava. Seu irmão, quando ela lhe disse que iria fazer vestibular para Engenharia, desaconselhou-a, dizendo que, se ele pudesse voltar atrás, não teria feito tal curso. Os dois irmãos tinham namorados. Apesar de seus pais dizerem que não se opunham ao fato de ela estar pensando em mudar de curso, sentia que seu pai preferia que isso não ocorresse. Sua mãe sempre lhe dissera para não cursar Engenharia porque ela não conseguiria dar conta do curso, ou lhe dizia para mudar para uma faculdade mais fácil. Isso lhe dificultava ainda mais poder pensar na possibilidade de mudar, pois sentia que, agindo assim, estaria concordando com a mãe; estaria assinando um atestado de incompetência.

No trabalho com M., foi possível utilizar a técnica da caixa de areia e, por meio dela, obter um material simbólico muito interessante, que facilitou muito o nosso trabalho. Observando suas produções na caixa de areia, foi possível fazermos associações importantes, e novos materiais foram estimulados (principalmente sonhos).

A primeira caixa que M. fez foi na segunda sessão. Eu já lhe havia falado um pouco sobre a técnica na sessão anterior, quando ela me questionou sobre o porquê de tantas miniaturas, se seriam para o trabalho com crianças. Nessa ocasião, eu lhe disse que essa era uma técnica que eu utilizava com crianças e adultos e consistia em montar "cenários" com as miniaturas, na caixa de areia. Falei que era uma técnica que eu utilizava também na Orientação Profissional e, posteriormente, se ela quisesse, nós poderíamos utilizá-la. Perguntei-lhe se queria tentar utilizá-la e falei que não havia regras. Basicamente, ela deveria conhecer o material (observando ou manuseando) e utilizá-lo da forma que quisesse na montagem do cenário. Acrescentei que não necessariamente deveria ser um "cenário lógico". Caso ela sentisse necessidade de colocar coisas no mesmo espaço, que na nossa concepção de realidade não poderiam estar juntas, isso não tinha a menor importância.

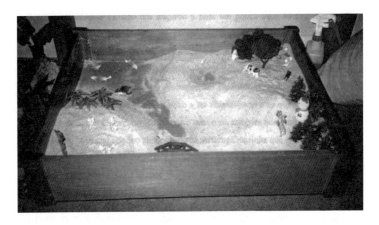

Figura 1

M. se aproximou timidamente da parede onde ficavam as estantes com as miniaturas e a caixa. Experimentou a areia. Observou o fundo azul da caixa. Passou, então, a observar as miniaturas. Voltou para a caixa, ficando parada por alguns segundos, e, então, começou a escavar com avidez a areia... M. executou a "tarefa" de forma espontânea e compenetrada, o que me surpreendeu devido ao seu habitual comportamento tímido e acuado. Sentei-me ao seu lado no chão e começamos a conversar sobre a caixa. Ela me contou que hesitou inicialmente quando pensou como eu julgaria o que ela iria fazer. Disse que resolveu deixar esse pensamento de lado e começou a trabalhar. Colocou que se sentiu bem, achando muito agradável. Passou, então, a me descrever a caixa: o lado superior direito seria como uma fazendinha, um lugar conhecido e agradável. Teria flores, aves, árvores, um boi, uma vaca e um potro. Disse ter se sentido incomodada pelo fato de o potro marrom que ela queria não estar na posição desejada (de pé, com a cabeça abaixada como se estivesse pastando), tendo, então, de

O uso da técnica de Sandplay (caixa de areia) no processo de Orientação Profissional 105

utilizar o potro preto (cor de que ela não gostava). O outro potro (marrom) estava numa posição "esquisita", segundo ela (meio contorcido). O canto inferior direito representava uma montanha, um lugar frio. Ela gostava de regiões frias assim. Colocou o boneco de neve para representar a neve, o frio. E falou que o alce era um animal pouco sociável, que se assusta diante do ser humano e se refugia na floresta. Ligando o continente à ilha, que foi feita na parte esquerda inferior, ela colocou uma ponte. Nessa ilha, foi colocado um totem indígena (que, segundo ela, pertencia a uma civilização antiga), coqueiros e corais. No mar (parte superior esquerda), ela colocou uma baleia, peixes e uma tartaruga que estava indo desovar na praia. Quanto à água, ela queria representar um rio desembocando num mar.

Comentamos o quanto as duas paisagens da direita estavam relacionadas com sua vida atual: calma, pacata, bem organizada, por um lado, e fria, com muito medo do contato humano, por outro. Disse que pegou a vaca pensando que era um touro, por possuir chifres; não sabia que vacas podiam possuir chifres. Tentei ampliar um pouco mais este símbolo com ela, que é um arquétipo de poder, um instrumento de defesa e ataque, e afirmei que parecia estranho para ela que uma fêmea pudesse possuir isso.

O potro preto foi o que mais a incomodou na execução da caixa, pois a cor preta a incomodava. A posição da cabeça também não estava correta, já que ele devia estar com a cabeça baixa, pastando, numa posição que me pareceu ser de submissão e resignação, mas, ao mesmo tempo, demonstraria uma capacidade de se autoprover de alimento. A paisagem fria da montanha, com o alce que foge do contato humano, inspirou-nos a falar um pouco mais do seu isolamento, da sua dificuldade de entrar em contato com os "humanos". Contou-me que sempre foi muito ingênua, acreditando em pessoas que acabavam aproveitando-se dessa sua ingenuidade. Conversamos também sobre esse território desconhecido que estava representado pela ilha com a civilização antiga. Falamos da sua aparência misteriosa e desconhecida, do medo e do fascínio que esses territórios novos provocam. Parecia ser um território novo a ser redescoberto e ao qual ela já parecia poder ter acesso por meio da ponte. O mar, no seu encontro com o rio, também nos transmitia uma sensação de muita vida, muito potencial criativo simbolizado na tartaruga marinha que estava indo desovar na ilha.

Na sessão seguinte, M. contou, logo no início, que havia sonhado (eu havia lhe pedido, na sessão anterior, para prestar atenção nos seus sonhos, pois eles poderiam estar fornecendo-nos símbolos relacionados ao processo pelo qual ela estava passando). Em seu sonho, ela percebia, ao chegar em casa, que havia levado com ela, sem querer, o *meu* cavalinho marrom, só que ele estava na posição que ela queria (cabeça baixa, pastando). M. ficava preocupada, no sonho, com o que eu pensaria do fato de ela ter levado o meu cavalinho. Comentei que achava muito bom ela poder levar para casa o cavalinho, que, na verdade, não era o meu; era o meu transformado no que ela desejava e, portanto, já era dela. O sonho demonstrava que o símbolo do cavalinho negro utilizado na caixa mobilizou-a bastante, já que ela o levou pra casa. Na verdade, ele já estava lá. Além disso, ele foi transformado no *seu* cavalo, no símbolo que ela havia descrito ao fazer a caixa. É interessante também que ela se preocupava, no sonho, com o que eu iria pensar, se eu iria sentir-me roubada, mesmo sendo esse cavalinho do sonho diferente do meu. O fato do *seu* símbolo do cavalinho ter sido estimulado no contato com o *meu* material a faz pensar que o produto também era meu, o que não era verdade.

Nessa sessão, trabalhei com M. também a técnica da "Viagem na Máquina do Tempo"; inicialmente sugeri que ela visualizasse a sua vida atualmente e, depois, que ela se imaginasse viajando numa máquina do tempo para dez anos no futuro. Pedi que imaginasse um dia de sua vida no futuro, como ela estaria, com quem, onde... Depois, ela deveria imaginar-se voltando para o ano atual. Pedi-lhe que representasse estes dois momentos num desenho. M. representou o presente como ela estudando numa mesa, com seus livros. O futuro foi representado com um desenho semelhante, dela sentada numa mesa, só que trabalhando, mas este desenho era um pouco menor que o do presente, e ela se esquecera de colocar braços na

O uso da técnica de Sandplay *(caixa de areia) no processo de Orientação Profissional* 107

pessoa. Esses dois desenhos estão à esquerda. No centro, ela desenhou a imagem que disse ser a que viu quando sua máquina estava pousando, que é a da vista aérea de uma cidade muito populosa, muito poluída e abafada. Mais à direita está a sua vida em família, representada por uma casinha com um casal e dois filhos. O que mais me chamou a atenção foi o desenho da cidade, que parecia estar como uma divisória entre a vida tediosa no trabalho, que seria igual à vida atual de estudo (ou pior), e a vida feliz em família. O formato da cidade parecia o de uma nuvem de tédio pairando, e as casinhas lembravam lápides de cemitério. Enfim, pareceu-me uma visão bem sombria do seu futuro a partir do seu presente. Foi interessante no desenho de M. estudando e dela trabalhando o fato de ela perder os braços e ficar menor. A partir da sua imagem do presente, M. faz uma imagem do futuro onde ela estava sem braços, ocupando um espaço menor. Perder os braços poderia significar perder sua possibilidade de fazer contato, de pegar, de tocar... Perder espaço, ficar menor, ir encolhendo, também tem a ver com essa diminuição do contato com o mundo exterior, com um fechamento, gerando uma sensação de opressão...

No nosso quarto encontro, trabalhamos um sonho. Ela tinha ido fazer compras com a família. A mãe tinha desaparecido. Ela vê um ursinho de pelúcia e pede para o pai. Ele fala que não pode comprar, pois é muito caro. Ela vê também o avô que morreu há pouco tempo andando pela loja. Resolve procurar a mãe no andar de cima e chega a uma porta. Ela sabe que a mãe está dentro dessa sala, fazendo uma consulta. Em frente à porta, há um berço com um bebê branco. Quando ela se aproxima, o bebê abre os braços em sua direção. Aí, ela olha para o lado e vê estantes com miniaturas de diabinhos. Volta a olhar para o bebê e fica com medo de ele ser alguma coisa do diabo. O bebê desaparece.

A partir desse sonho, trabalhamos o que poderia significar esta necessidade de reencontrar sua mãe. Conversamos um pouco sobre a falta de afetividade que ela sentia em seus pais, que, no sonho, apareceu por meio da negativa do seu pai em lhe dar o ursinho e do desaparecimento da mãe. Ela contou-me que jamais ganhara um ursinho de pelúcia e sempre quisera um. Uma vez, pediu um à sua mãe, e ela lhe comprou um muito feio, do qual ela não gostou porque não era macio e colorido como desejava. Nunca mais pediu. No sonho, o encontro com a mãe parece passar pela aceitação do bebê, que lhe pede colo. O símbolo do bebê traz em si todo um significado de vida nova, início de algo, um potencial a ser desenvolvido. Mas, quando ela relaciona o bebê às miniaturas de diabo, pensando que o bebê é coisa do diabo, ele desaparece. Relacionamos essas miniaturas às minhas miniaturas. Elas estariam sendo relacionadas a coisas do diabo.

Voltamos a conversar sobre a sua surpresa quando ela sonhou pela primeira vez com o "meu" cavalo. Sobre a surpresa de ela estar "reagindo" com seus conteúdos ao espaço que eu estava oferecendo-lhe por meio desse trabalho. Numa sessão anterior, ela havia me contado que um tempo atrás pensara em abandonar Engenharia e cursar Arquitetura. Seu pai fora contra, dizendo--lhe que ela não teria dinheiro se fosse arquiteta, como duas tias suas, que fizeram arquitetura e estavam passando dificuldades. Ela chegou a se inscrever para o vestibular, mas, no dia da prova, perdeu a hora (ninguém a acordou) e, por isso, não pôde fazer a prova. Na época, pensou que isso deveria ser um sinal "divino" de que não devia mudar de área. Nessa sessão, a partir do sonho do bebê que era confundido com "coisa do diabo", trabalhei com M. o quanto era confuso para ela perceber o que era dela e o que era dos outros; o que era produto dos seus sentimentos, sonhos e desejos e o que ela recebia de fora, de outras pessoas. Ela parecia se ver de forma extremamente vulnerável, subestimando a sua capacidade de criação, de discriminação. Coloquei que os sonhos eram produtos dela, e não meus ou de alguém de fora. As coisas que vinham de fora pareciam ter mais peso do que as que vinham de dentro. Na verdade, elas estavam sendo confundidas. O que era dela estava sendo projetado no outro. O seu desejo, o seu sonho, a sua capacidade de discriminar e escolher eram vistos fora dela e,

O uso da técnica de Sandplay (caixa de areia) no processo de Orientação Profissional 109

para piorar, são "coisas do diabo"! Como ela pôde dar ouvidos a um desejo seu dessa forma?

Na quinta sessão, ela me trouxe outro sonho. Numa primeira parte deste, aconteceu o seguinte. Ela estava fazendo um trabalho na faculdade; tinha de entregá-lo, mas estava faltando o cabeçalho, que deveria ser feito com um carimbo que não estava na sua sala. Ela foi a uma outra sala que estava cheia de plantas, na qual havia vários carimbos, e onde estava também um grupo de colegas conversando com seu professor sobre os cursos anteriores que haviam feito. Ela utilizou vários carimbos, e não gostou do resultado, porque a folha ficou muito cheia e não coube o nome de um dos componentes do grupo. M. foi sentar-se junto aos colegas, e um colega seu começou a falar timidamente e, aos poucos, foi ficando desinibido, e falando facilmente. Ela surpreendeu-se e pensou que ele poderia ser o orador da turma.

M. acordou após essa parte e voltou a sonhar. Ela estava no quarto de sua mãe e, para sair, tinha de passar por baixo de uma mesa de jantar que estava na entrada do quarto. Embaixo da mesa, ela encontrou um bebê que ainda engatinhava, mas já falava. Ele a cumprimentou dizendo: "Oi, M." E ela respondeu: "Oi!" Ele contou que saiu para passear de barco com sua irmã e seu irmão, e foi contando o trajeto do passeio, que ela conseguiu visualizar como se também tivesse ido. Eles passearam por um rio e foram conhecer uma tribo de índios. Ela falou que também queria ir. Ele lhe disse que ela teria que ir sozinha, pois eles já haviam ido.

Trabalhamos um pouco sobre a primeira parte do sonho. Conversamos sobre a possibilidade que ela trouxe de mudar de curso dentro da própria Engenharia, indo para outra especialidade, em que lidaria com construções e poderia fazer cursos na área de Arquitetura, paralela ou posteriormente. O sonho traz uma situação em que ela encontra dentro da faculdade uma sala onde há bastante vida (plantas), possibilidade de refletir sobre o curso com os colegas e professor, e onde ela encontra os carimbos que estavam faltando para concluir seu trabalho. É a falta do carimbo em sua sala que a leva a procurá-lo em outra sala, onde ela acaba encontrando uma situação que aparentemente é mais favorável. Poderíamos dizer também que é o "erro" no uso excessivo dos carimbos que a deixa desanimada com o trabalho e a leva a prestar atenção na conversa dos colegas com o professor. Outro detalhe que nos chamou a atenção foi o colega que começa falando timidamente e, aos poucos, pode ser até o orador da turma, na formatura (o que indica uma possibilidade de se concluir o curso). A partir dessa sessão, M. decidiu procurar informações sobre outras opções de cursos dentro da Engenharia, com os professores de sua faculdade. A outra parte do sonho falava de um reencontro com o bebê. Seria o bebê do sonho anterior, que havia desaparecido e agora estava falando com ela e mostrando-lhe um novo mundo? Pedi que M. fizesse uma caixa pensando nas imagens desse sonho.

Figura 2

M. foi até a caixa, preparou a areia fazendo as montanhas, a planície e o rio. Ela colocou então as duas pirâmides atrás da segunda montanha, o globo sobre a primeira montanha, a caverna e a fogueira e o barco chinês chegando ao continente. Deu espontaneamente o título de "Chegando a um novo mundo" a essa caixa.

O uso da técnica de Sandplay (caixa de areia) no processo de Orientação Profissional **111**

Disse que pensou na paisagem que o bebê havia descrito com a chegada de barco a um novo continente (é interessante notar que a ilha da primeira caixa se transforma aqui num continente). O globo terrestre no topo da montanha estaria representando a conquista de um novo território (conversamos um pouco sobre os alpinistas e a sensação que deveriam sentir quando conquistavam uma montanha ou as sensações dos astronautas na Lua olhando a Terra!). M. falou que as pirâmides representavam para ela um mistério que gostaria de conhecer, mas que traziam em si a possibilidade da morte, pois os primeiros pesquisadores que as abriram morreram contaminados pelas bactérias que lá existiam. Era um mistério que encerrava a polaridade Vida-Morte. A pirâmide é também um local de encontro entre dois mundos: um mágico, ligado à crença do renascimento por meio da morte para um outro mundo (apoteose do faraó que era assimilado à divindade), e um mundo racional (com toda a sua geometria sofisticada). A caverna e o fogo representariam, segundo ela, a civilização antiga que existe nesse território. A caverna é um arquétipo do útero materno e figura nos mitos de origem, renascimento e de iniciação de inúmeros povos: "[...] a caverna simboliza a subjetividade em luta com os problemas de sua diferenciação" (CHEVALIER; GHIERBRANT, p. 212)[7]. Ela dá abrigo e proteção e também serve como refúgio, como esconderijo, um lugar onde se pode ficar escondido. Isto é bom e necessário por um tempo, mas, depois de um determinado período, é necessário sair para a vida, para a luz. O fogo é muitas vezes relacionado ao coração (às paixões), representando o espírito ou o conhecimento intuitivo. Podemos dizer também que ele indica uma presença humana nessa caverna e a possibilidade de se aquecer, de se alimentar, de se cuidar durante a "estada". Finalmente, o barco que está chegando a esse novo território indica a existência de um veículo que possibilite ao Ego, ao qual o barco está associado (principalmente em se tratando de um barco oriental,

---

[7] Vide J. Chevalier; A. Ghierbrant.

já que foi essa a opção dela entre os outros existentes), entrar em contato de uma forma adequada com esse novo mundo.

Na sexta sessão, novamente ela me trouxe um sonho. Ela saía da sua casa, que ficava à frente da casa de sua tia. Precisava comprar bolachas para fazer uma viagem muito longa, de bicicleta, com sua irmã e sua tia. Um cachorro preto estava preso, mas, quando ela chegava perto dele, o cão soltava-se e pulava em cima dela. Escutava então uma voz que dizia que, para ele não atacá-la, ela deveria olhar nos seus olhos e falar para não atacá-la. Ela falava, e não adiantava. A voz dizia que não estava resolvendo porque ela não estava olhando no fundo dos olhos. Ela olhava bem nos olhos dele e ele soltava-a. Entrava, então, na loja que, de repente, enchia de gente. Ela não encontrava bolacha normal; *só* havia importada. Acabava encontrando uma, e a tia falava para ela levar e pagar depois.

A partir desse sonho, discutimos o que poderia significar a viagem que M. iria fazer, de bicicleta, com a tia e a irmã. A tia e a irmã significam para ela exemplos de mulheres de sua família que tiveram coragem de se arriscar para ir em busca do que elas acreditavam. A irmã foi morar fora e cursava Biologia. A tia viajou sozinha ao Japão para trabalhar, e foi bem-sucedida nesse empreendimento. E o cachorro? O animal lhe dá uma lição de como lidar com sua própria agressividade: ela deve olhar no fundo dos olhos dele e mandá-lo parar. Olhando no fundo dos olhos, ela verá refletida neles a sua própria imagem. A menininha "tímida e boazinha"[8] tem de assumir com firmeza um poder de comando que ela tem dentro de si para deixar de ser presa fácil dos "lobos-maus" da vida. O cão mostra que ela pode fazer isso, e mais, que precisa fazer isso para conseguir o "combustível" para a viagem: a bolacha que a tia

---

[8] Clarissa Pinkola Estés fala em seu livro *Mulheres que correm com os lobos – mitos e histórias do arquétipo da mulher selvagem* sobre um aspecto da psique que ela denomina "predador natural". Este seria um aspecto destrutivo, que vai contra o processo de crescimento e faz parte da psique. Ela trabalha por meio da análise de mitos e de contos de fadas a ideia de que é necessário trazer esse aspecto de nossa psique à luz e lidar com ele, "ouvir" o que ele tem a nos dizer. Com isso, temos de sacrificar nossa persona "boazinha", assimilar esse lado "mau" à nossa consciência, aprendendo a lidar com ele.

O uso da técnica de Sandplay (caixa de areia) no processo de Orientação Profissional 113

lhe dá. Ela precisa entrar em contato com esse seu lado e assumi-lo para conseguir ir atrás do que acredita, para discriminar o que quer e o que não quer, para manter aquilo de que ela precisa e eliminar o que já não é mais necessário. A partir dessa discussão, conversamos sobre o seu poder de escolha e o medo que dá assumirmos que temos esse poder. Sentimos vontade de jogá-lo fora, pois, na medida em que o assumimos e conseguimos discriminar o que queremos e o que não queremos, temos de tomar uma atitude, não dá mais para fechar os olhos! Quando estávamos encerrando a sessão, M. comentou que se havia emocionado falando dessas coisas e tivera vontade de chorar, mas não chorara.

Na sétima sessão, ela chegou falando da pressão que sentia para continuar na Engenharia. Era um curso já conhecido, num local conhecido, com pessoas conhecidas... Ela também pensava que o curso poderia melhorar com o tempo... Começou a falar então de um amigo que cursava Arquitetura, e que sempre comentava que ela tinha jeito para essa área. Por intermédio desse amigo, ela teve a oportunidade de receber mais informações sobre o curso de Arquitetura, bem como a possibilidade de assistir a uma aula. Isso a deixava animada. Ela sabia que tinha muitos sinais para levar em conta, indicando que ela deveria abandonar o caminho em que estava e seguir um diferente, representado pela Arquitetura. Começou a falar, então, de como não tinha amigos na faculdade, de como estava fechada para novas experiências, ficando em casa o tempo todo, estudando sem parar... Falou da sua dificuldade para fazer novos amigos e, ao descrever situações relacionadas a isso, ela começou a chorar. Chorou por um bom tempo. Quando parou, voltou a falar comentando que estava sentindo-se aliviada, mais leve.

Na oitava e última sessão, M. chegou com o manual de inscrição do vestibular na mão, comentando que havia se inscrito para Arquitetura. Falou que tinha decidido terminar o semestre na faculdade tentando estudar menos, de uma forma mais relaxada, e prestar vestibular no fim do ano. Fizemos, então, um balanço do que foi o atendimento. M. considerou valiosa a experiência.

Colocou que teve oportunidade de entrar em contato com "lados" da sua personalidade que até então eram desconhecidos ou mal reconhecidos por ela e que o tempo todo influenciavam (e sempre vão influenciar) as situações de sua vida. O trabalho com a caixa e a consequente e fértil produção de sonhos surpreenderam-na. Desconhecia a sua "capacidade" de produzir tantos símbolos, a possibilidade de aprender algo por meio deles e, mais ainda, o fato de essa "investigação" lhe ser útil nesse momento de decisão (e sempre). Foi uma oportunidade para reconhecer e valorizar mais o seu lado humano e perceber a necessidade de lutar para encontrar um espaço para ele em sua vida.

O atendimento de M. cumpriu as três fases sugeridas no início do capítulo: inicialmente, fizemos um "reconhecimento e preparação do terreno", ao entrar em contato com os símbolos e com as experiências emocionais estimuladas por eles; num segundo momento, a produção simbólica foi reduzindo-se de forma espontânea e trabalhamos com as informações e questões concretas da escolha e do momento de vida da paciente. No momento final, trabalhamos a nossa separação com o término do processo, fizemos um "balanço" do que significou para ela o trabalho e qual o espaço que foi e poderá ser conquistado em sua vida para as novas decisões que ela tomará no futuro (seja ele próximo ou distante).

Considerações finais

Este breve relato de um estudo de caso teve como objetivo ilustrar e demonstrar de uma forma mais objetiva e concreta a possibilidade e a validade da utilização da técnica da caixa de areia num atendimento de orientação profissional.

Pôde-se perceber o quanto esta técnica mobilizou a paciente desde o início do trabalho, estimulando uma produção simbólica importante. A caixa possibilitou uma constelação concreta desses símbolos e funcionou como um instrumento que levou a um

O uso da técnica de Sandplay (caixa de areia) no processo de Orientação Profissional 115

movimento de abrir novas portas, que nos trouxeram novos símbolos que iam sendo aproveitados para a compreensão da situação de escolha atual, da situação histórica anterior que a levou à atual e para a projeção de possibilidades futuras.

É importante notar também que a técnica foi utilizada de duas formas diferentes no processo. No primeiro momento que a sugeri, tinha como objetivo iniciar um contato com os símbolos de forma profunda e concreta. Nesse momento, minha expectativa era a de que ela funcionasse como um "catalisador" do processo (que foi o que ocorreu ao gerar uma rica produção onírica). No segundo momento, eu a utilizei com o objetivo de amplificar e trabalhar de uma forma concreta os símbolos que ela me havia trazido num sonho. Esse movimento de transformar as imagens oníricas em uma expressão simbólica concreta e palpável visa a facilitar e a otimizar a assimilação deles pelo paciente, no processo.

Referências

BRADWAY, K; SIGNELL, K; SPARE, G; STEWART, C.; STEWART, L.; THOMPSON, C. *Sand play Studies* – Origins, Theory & Practice. Boston: Sigo Press, 1990.

CHEVALIER, J.; GHIERBRANT, A. *Dicionário de Símbolos.* 8ª ed. Rio de Janeiro: José Olympio.

EDINGER, E. F. *Anatomia da Psique* – o simbolismo alquímico na psicoterapia. São Paulo: Cultrix, 1985.

JUNG, C. G. *Memórias, sonhos, reflexões.* 10a ed. Rio de Janeiro: Nova Fronteira, p. 155,156.

_____. O sacrifício. In: *Símbolos da transformação.* Rio de Janeiro: Vozes

KALFF, D. M. *Sand play, a Psychotherapeutic Approach to the Psyche.* Boston: Sigo Press, 1980.

WEINRIB, E. L. *Images of lhe Self, the Sand play Process.* Boston: Sigo Press, 1983.

Sublimação, reparação e a escolha profissional – Uma contribuição para compreender a dinâmica da vocação a partir da psicanálise

Regina Sonia Gattas Fernandes do Nascimento[1]

> *A atividade profissional oferece particular satisfação quando livremente escolhida.*
>
> (Freud, 1929)[2]

Consideramos a escolha de uma profissão um processo bastante complexo, no qual interferem os aspectos de um determinado contexto social e ideológico, bem como um processo de ordem individual. Acreditamos que ambos são igualmente importantes, porém, neste trabalho, focalizaremos apenas os de ordem individual, cuja desvinculação é apenas para o propósito deste texto.

O termo *vocação* também é igualmente complexo. Quando afirmamos que uma pessoa tem *vocação* para ser médico ou engenheiro, o que estamos dizendo com o termo? Ou quando um jovem nos procura pedindo ajuda para descobrir sua *vocação*, o que está buscando? Por que, diante de uma escolha que envolve o abandono do lar, uns escolhem ser marinheiros, e outros, aviadores?

Os conceitos vocação e profissão têm sido confundidos, embora ambos sejam bastante diversos, e de origens diferentes (do latim *vocare*, chamar, e *professio*, ocupação habitual, modo de

---

[1] Psicóloga, mestre em Psicologia Social e doutora em Psicologia Clínica pela PUC-SP. Especialização em Psicanálise no Instituto Sedes Sapientiae. Professora associada ao curso de Psicologia da PUC-SP. Diretora da Clínica Psicológica "Ana Maria Poppovic"da PUC-SP. Psicóloga Clínica e Orientadora Vocacional.

[2] As citações de S. Freud são extraídas das Obras Completas – cf. referência bibliográfica, traduzidas pela autora, com consulta ao Dicionário de Psicanálise de Laplanche e Pontalis.

viver). Essa confusão parece-nos consequência de que a vocação, o *"chamado"*, é um impulso, uma necessidade a ser satisfeita, enquanto a profissão é o que satisfaz esta necessidade.

Embora essa distinção possa ser feita imediatamente, o conceito de vocação ainda permanece complexo, pois esta *"necessidade a ser satisfeita"* inclui necessidades que ocorrem em diversas instâncias da personalidade, em uma intercorrelação dinâmica.

Bohoslavsky, cujo texto tem servido de referência para a abordagem clínica em Orientação Vocacional, separa estas necessidades, reservando ao termo vocação apenas a satisfação daquelas referentes à reparação do objeto.

É possível fazer esta divisão didaticamente. Contudo, acreditamos que o seu resultado final seja a inter-relação entre uma série de fatores, o que determina a solução do conflito que leva à escolha da profissão e a resposta à vocação.

Entre os fatores que intervêm neste processo, podemos citar: a questão do *status* social que a profissão permite atingir, características de personalidade daquele que escolhe, identificações anteriores realizadas em seus meios social e afetivo, seu ideal do ego, seu superego, o próprio ego e suas defesas.

Esses são alguns dos aspectos (entre outros não menos importantes) que podemos assinalar como determinantes em uma escolha de profissão. Porém, ao que sabemos, quando alguém escolhe uma carreira, pode ter claro alguns dos aspectos que o mobilizam em determinado caminho, porém, muitas vezes, ainda fica obscuro o processo que realizou para chegar à sua escolha. Isso se dá porque neste processo também ocorrem fantasias inconscientes.

De um modo geral, a partir de um referencial psicanalítico, encontramos na literatura algumas explicações para a vocação por meio dos conceitos de sublimação ou reparação, já bastante conhecidos por aqueles que se dedicam à área.

Contudo, para o propósito de conhecê-los mais especificamente no trabalho de Orientação Vocacional, vamos retomá-los, sistematizando-os em função de melhor compreender a dinâmica profunda da escolha profissional.

Sublimação, reparação e a escolha profissional   119

Sublimação

Retomando a conceituação de Freud

Sublimação, termo introduzido por Freud com o objetivo de explicar atividades artísticas e a investigação científica, especificamente, ou, de um modo mais abrangente, os interesses intelectuais, a pulsão do saber e a atividade profissional. Embora esse processo não demonstre relação aparente com a sexualidade, a sublimação tem sua origem na pulsão sexual e é considerada um de seus destinos. Como diz Freud (1910, p. 1586):

> [...] a observação da vida cotidiana das pessoas nos mostra que em sua maioria conseguem derivar para sua atividade profissional uma parte considerável das forças de suas pulsões sexuais. A pulsão sexual presta-se bem a isto por ser suscetível de sublimação [...]

Em uma de suas definições sobre a pulsão sexual, Freud (1905, p. 1191) afirma que ela é um dos "conceitos limite entre o psíquico e o somático"; é aquilo que impele a uma ação. Ela pode ser decomposta em quatro elementos, a saber: a fonte, o objeto, a finalidade e a pressão.

Com relação à *fonte,* diz Freud (1915, p. 1042) que "ela se desenvolve em um órgão ou em uma parte do corpo e é representada na vida psíquica pela pulsão". O *objeto* é "aquilo por meio do que a pulsão pode atingir a sua finalidade". A *finalidade* (meta, alvo) é uma atividade cujo objetivo é a satisfação da pulsão e a *pressão* é o "fator motor", ou seja, a quantidade de força que propicia a satisfação da pulsão.

Na sublimação, há uma mudança de objeto, no que diz respeito à satisfação da pulsão, porém J. Laplanche (1989) nos diz que o aspecto essencial é a mudança de meta. Por meio desse processo, "a pulsão pode agir livremente a serviço do interesse intelectual" (FREUD, 1910, p. 1587).

Em seu livro *A sublimação*, J. Laplanche, acompanhando o pensamento de Freud, nos mostra que isso é possível em primeiro lugar pela representação da pulsão no psiquismo, ou seja, a pulsão já não é o que representa o corpo, mas aquilo que é representado no psiquismo. Ela envia dois delegados ou representantes: por um lado o afeto, ou o representante-afeto, e por outro a representação (mas desta vez na acepção filosófica a *Vorstellung*) ou representante-representação[3] (LAPLANCHE, 1989, p. 25).

Isso é possível na teoria freudiana se tomarmos como base o dualismo pulsional, segundo o qual as pulsões de autoconservação servem de apoio às pulsões sexuais e têm como suporte energético o interesse.

O apoio é um modo de funcionamento em que o sexual tem sua origem em um funcionamento não sexual (por exemplo, a sexualidade oral e a alimentação). Esse processo tem influências recíprocas (do não sexual ao sexual, e vice-versa).

E, de acordo com Freud (1905, p. 1215):

> [...] as mesmas vias por onde as perturbações sexuais repercutem nas outras funções somáticas deveriam servir nos estados normais para outras funções importantes. Por estas vias é que deveria se realizar a atração das forças pulsionais sexuais para finalidades não sexuais, quer dizer, a sublimação da sexualidade.

O apoio, ainda como afirma J. Laplanche (1983, p. 47), "representa uma relação que poderíamos chamar de uma relação de emergência, ou ainda, o que os autores designariam por simbolização, e mesmo psiquização".

Este processo, aqui bastante sintetizado, mostra a origem do trabalho intelectual, da produção artística e de outras atividades de aceitação social. Freud detém-se especialmente sobre este tema, explorando as atividades científicas e artísticas de Leonardo da

---

[3] O primeiro sentido de representante refere-se à noção de delegação (delegar) e o segundo refere-se ao sentido da percepção e do conhecimento (cf. J. Laplanche, p. 25).

Vinci, baseando-se em uma recordação de sua infância, mostrando-nos, assim, a relação da profissão com aspectos profundos da personalidade.

Reparação

Um conceito que responde à "vocação"

Bohoslavsky (1971, p. 73), ao definir a *vocação*, descarta o conceito de sublimação e considera que "as vocações expressam responsabilidades do ego diante de 'chamados interiores', chamados de objetos internos prejudicados, que pedem, reclamam, exigem, impõem, sugerem etc., ser reparados pelo ego."

Para nós, reparação é um conceito-chave para a compreensão da vocação, porém pretendemos retomá-lo, uma vez que na teoria kleiniana ele não vem dissociado da sublimação, como também é necessária a introdução do conceito de simbolização (que é a maneira de explicitar a fantasia), para que o conceito fique mais completo.

O desenvolvimento psíquico se dá, de acordo com M. Klein, mediante a elaboração das posições esquizoparanoide e depressiva.

Além de uma série de características, na posição esquizoparanoide, manifestam-se a cisão do objeto (bom e mau) e a ansiedade persecutória.

A síntese dos objetos bom e mau acentua a ambivalência. A percepção do sadismo e dos ataques ao objeto bom (que então pode ser percebido como o mesmo que foi odiado) dão origem ao sentimento de culpa, que caracteriza a posição depressiva. A elaboração das ansiedades desta posição se dá por meio da capacidade de reparação.

Esta (a reparação) é uma manifestação da pulsão[4] de vida e o mecanismo que, por intermédio de sua tendência para a reconstrução,

---

[4] M. Klein utiliza-se dos conceitos de pulsão de vida e de morte. Porém, em seus textos traduzidos para a língua portuguesa, encontramos a expressão instinto referindo-se à

garante a vitalidade no psiquismo, evita o perigo do objeto e do sujeito serem novamente destruídos e possibilita uma relação com o objeto total, levando à integridade e ao desenvolvimento do ego.

Porém, torna-se necessário aqui introduzir o conceito de sublimação, que na teoria kleiniana é inseparável da reparação do objeto, sendo a consequência ou o resultado deste processo. Klein herda de Freud o conceito de sublimação, considerando esta um dos destinos da pulsão, mas amplia este conceito para uma forma mais complexa e objetal, implicando também um modo de elaboração de fantasias e um manejo complexo dos objetos[5].

M. Klein (1981, p. 255-256) afirma que

> [...] todas as atividades, interesses e sublimações do indivíduo também concorrem para dominar sua angústia e aliviar sua culpa, e que sua força motivacional consiste não somente em gratificar os impulsos agressivos, mas igualmente na necessidade de fazer reparação ao objeto e de restaurar em seu próprio corpo e suas partes sexuais em sua integridade.

O conceito kleiniano de sublimação, intimamente relacionado com o de reparação, está, portanto, ligado à posição depressiva e visa à garantia da totalidade do objeto e do ego, não permitindo a fragmentação e a destruição. E, se a sublimação é inseparável da

---

pulsão e outras vezes com sentido diverso. As traduções mais recentes têm reservado o termo pulsão para a tradução da palavra inglesa *instinct*. A teoria especulativa das pulsões, anunciadas em 1920 (*Além do princípio do prazer*), tratava das pulsões aceitas por Klein. Contudo, com o decorrer dos anos, sua teoria foi afastando-se da ideia mecanicista de Freud a respeito da energia mental e sua descarga. "Ao invés, considerou a estimulação do corpo como dando origem aos eventos mentais primários, que eram interpretações subjetivas de estímulos corpóreos, tal como provocados por um objeto. Susam Isaacs demonstrou como estas interpretações conhecidas pelo nome de fantasias inconscientes constituem, com efeito, a substância da mente" (*Dicionário do pensamento kleiniano*, R. D. Hinshelwood, p. 449-450).

[5] De acordo com Elizabeth Spillius, "a teoria de Klein é simultaneamente uma teoria das pulsões e das relações objetais. Como Freud, ela concebia o indivíduo como sendo impelido por pulsões de vida e de morte, embora nunca fale de pulsões em si mesmas, ou divorciadas de objetos; elas são intrinsecamente ligadas a objetos" (Spillius, 1991, p. 11).

Sublimação, reparação e a escolha profissional 123

necessidade de reparar, ela não defende o sujeito basicamente contra os impulsos sexuais, mas também contra os impulsos destrutivos.

Conforme H. Segal, na posição depressiva há a exigência de uma certa inibição de fins instintivos[6] diretos para com o objeto, para deslocar a agressão do objeto original e, assim, diminuir a culpa e o temor da perda. O ego está cada vez mais preocupado em salvar e proteger o objeto de sua agressão e possessividade, dado que na posição depressiva o objeto é percebido como total.

Essa inibição das finalidades instintivas diretas – tanto agressivas quanto libidinosas – é o estímulo para a criação do símbolo, e este é na condição e o fundamento para a sublimação. O símbolo é, pois, um substituto do objeto, sem qualquer mudança no afeto. O símbolo não é usado para negar a perda, mas para superá-la. Ele é criado no mundo interno para restaurar, recriar e possuir o objeto original novamente.

Diz ainda H. Segal (1991, p. 55) que "o símbolo propriamente dito, disponível para a sublimação e propiciador de desenvolvimento do ego, é sentido como representando o objeto". Por meio do símbolo é que se dá a comunicação com o mundo interno, com o mundo externo e com a realidade em geral. "Quando um substituto no mundo externo é utilizado como um símbolo, ele pode ser usado mais livremente do que o objeto original, já que ele não se identifica completamente com o mesmo" (SEGAL, 1983, p. 86).

Seguindo esta linha de pensamento, constatamos que o interesse de uma criança (e depois de um adulto) no mundo externo é determinado por uma série de deslocamentos de afetos e de interesses, do primeiro objeto para objetos sempre novos. E, assim como a atividade da formação de símbolos está na base da atividade lúdica, também podemos afirmar que ela está na base do trabalho.

Desta forma, a profissão escolhida pelo sujeito reflete o que a pessoa viveu em suas primeiras relações objetais, ou seja, na sua atividade profissional, um indivíduo repetirá o seu modelo mais

---

[6] Na tradução brasileira de *A obra de Hanna Segal*, encontramos "alvos instintivos" ou "alvos instintuais". Podemos compreendê-los como a "finalidade da pulsão".

fundamental, semelhante ao modelo com o qual em sua infância estabeleceu as suas relações objetais.

Encontramos, por meio da profissão, como se manifestam os seus objetos (perseguidores, tirânicos, danificados ou passíveis de restauração). Podemos perceber também quais as defesas que o indivíduo utiliza para lidar com os objetos que lhe causam angústia. Por exemplo, alguns profissionais têm uma relação muito onipotente com seus objetos; outros se relacionam com defesas do tipo obsessivo, enquanto que outros parecem viver num estado de permanente ameaça.

Por outro lado, quanto mais madura for a pessoa, quanto menos ameaçada ela for por seus objetos internos, quanto mais pudermos dizer que foi capaz de tolerar a ambivalência e a culpa e elaborar o luto, tanto mais vamos encontrar escolhas profissionais saudáveis, maduras. São as pessoas que provavelmente terão uma adaptação mais tranquila às atividades objetivas e que, na sua relação com o trabalho, estão mais livres para criar.

Isso se dá porque vemos que esta pessoa reflete a capacidade de reparação, de sublimação e de simbolização. Tal situação favorece-lhe para, na profissão, manter uma distância adequada em relação ao objeto, ou seja, o objeto não pode ficar muito próximo do objeto original, porque desperta muita angústia, e nem tão longe a ponto de não trazer gratificação (um conflito muito intenso pode gerar um deslocamento muito grande do objeto original e, por isso, dificultar uma relação de objeto que permita a gratificação afetiva).

Desta forma, não existem profissões que representam mais ou menos a capacidade de uma pessoa reparar. Essa capacidade vamos encontrar na maneira com que o indivíduo se vincula à sua atividade.

Não pensamos que os profissionais que escolhem "aliviar o sofrimento dos outros" por meio de atividades como a medicina, a psicologia, o serviço social etc. estejam reparando e restaurando mais os objetos danificados do que, por exemplo, um professor de matemática. Afinal, os primeiros podem estar exercendo a reparação

Sublimação, reparação e a escolha profissional 125

por intermédio de sua atividade, mas também podem estar vinculados a ela de um modo onipotente e triunfante, enquanto que o professor de matemática pode estar ajudando crianças a "resolver problemas".

Isso me leva a dizer que não podemos generalizar como universais explicações a respeito de determinadas escolhas.

Não é possível, portanto, responder facilmente por que o indivíduo escolhe a marinha ou a aeronáutica, sem compreendermos qual o significado que essas atividades têm para ele, além da compreensão do que representa o mar, o ar, o navio e o avião.

Acredito que por meio da profissão podemos expressar de inúmeras maneiras a reparação, ou o modelo das nossas primeiras relações de objeto e todas as fantasias inconscientes relacionadas, bem como todas as defesas envolvidas nesse processo. A atividade profissional pela qual vai explicitar-se esse processo depende de experiências objetivas de vida nos seus meios afetivo, social e histórico, como também do processo de simbolização que ocorreu em cada pessoa.

Como diz Freud (1905, p. 1225), "encontrar o objeto é, de fato, reencontrá-lo."

Algumas considerações

Uma confusão frequente

Na prática de Orientação Vocacional, devemos ter em mente que nem sempre é possível pretendermos fazer um trabalho que leve o orientando a elaborar a sua escolha a este nível de profundidade, o que é um processo complexo e tomaria muito mais tempo do que dispomos para esta atividade.

Tivemos a oportunidade de nos aproximar destas questões, de forma mais profunda, em psicoterapias de pessoas que, dado o grau de ansiedade frente à escolha, não estavam conseguindo

126   *A escolha profissional em questão*

desempenhar adequadamente suas ocupações, ou mesmo pessoas que se encontravam desadaptadas nas atividades que exerciam.

Porém, acreditamos que este referencial teórico nos auxilia nos processos de Orientação Vocacional para ampliar a compreensão dos conflitos dos orientandos e, desta forma, levá-los à resolução destes.

Um fato comum é confundir reparação com uma escolha que leva as pessoas a preencherem certos vazios ou certas dificuldades que tiveram em suas vidas. Por exemplo, uma pessoa que, durante a sua infância, se sentiu pouco cuidada, pode vir a escolher uma profissão em que venha a cuidar de crianças abandonadas, ou, num outro exemplo, uma pessoa que apresentou uma dificuldade de fala, pode optar por uma carreira na qual a fala ou as palavras sejam um ponto central, como a fonoaudiologia, entre outras. Entretanto, essa relação não é obrigatória.

Essa confusão acontece por haver uma tendência a buscar, por meio da escolha profissional, uma integração da própria identidade, e o ponto considerado falho pode tornar-se a representação externa do objeto interno danificado. Contudo, apenas essa indicação não garante a reparação, pois esta implica uma forma específica de relação de objeto, como vimos anteriormente, enquanto que uma escolha como esta pode apenas refletir uma negação da dificuldade, por exemplo.

Dificuldades na reparação

É importante também salientar que nem sempre é possível fazer uma escolha saudável, madura, "reparatória". Os empecilhos desta tendência podem ser tanto de ordem interna, quanto externa.

Com relação aos impedimentos internos, podemos pensar no caso de uma pessoa melancólica, que em sua ocupação habitual estará reproduzindo um modelo de relação de objeto no qual se salienta o movimento destrutivo, e em sua atividade poderá deparar constantemente com o sentimento de não conseguir nunca alcançar

Sublimação, reparação e a escolha profissional 127

os seus objetivos profissionais, ou seja, a reparação dos objetos internos danificados, que estão representados no objeto de sua ocupação. Ao mesmo tempo em que notamos em pessoas como esta um processo de escolha que tende à reparação, vemos esta possibilidade truncada por sua dinâmica interna.

Uma outra dificuldade na escolha, com a qual já deparamos em nossa prática profissional, refere-se a pessoas que buscam determinadas profissões que representem o seu desejo, que tenham um maior significado afetivo e indiquem uma tendência à reparação, mas que, no momento da escolha, se definem por uma profissão mais *neutra,* como no caso de Roberto e Patrícia, alegando algumas vezes a não aceitação de sua opção por parte de seus familiares, como fez Roberto. Aqui percebemos que essa alegação indica a própria dinâmica interna do rapaz, cujo superego impedia que realizasse a sua escolha, por esta representar a sua relação edípica e, por isso, haver necessidade de uma interdição. No caso de Patrícia, ficou evidente que sua escolha indicava uma identidade com sua mãe, porém, ao mesmo tempo, uma relação de muita rivalidade.

Por outro lado, temos problemas das esferas econômica e social como grandes entraves para que a pessoa faça escolhas. A necessidade de sobrevivência e a estrutura social impedem muitas vezes que uma pessoa possa encaminhar-se para uma profissão que represente o seu desejo, ou, então, podem direcionar o indivíduo para determinados caminhos que não são de sua livre escolha, ou seja, escolher apenas aquilo que podem escolher. Contudo, acreditamos que é dentro deste contexto que acontece ou não a reparação. É evidente que, para tal acontecer, é necessário que o indivíduo tenha alguma liberdade de escolha no plano social e um ego bem integrado, com capacidade de elaborar os lutos, tolerar a dor, a ambivalência e a culpa a fim de enfrentar os problemas de ordens interna e externa, para que possa ter maior liberdade e autonomia na escolha de sua profissão.

Um processo de Orientação Vocacional individual

A título de ilustração, citaremos um caso atendido por nós em processo individual de Orientação Vocacional.

Um jovem de dezenove anos, Carlos, procurou-nos dizendo não saber o que fazer. Desejava estudar Medicina, mas não tinha coragem. Já havia, então, por conta própria, prestado o vestibular para Psicologia. Interrompeu este curso no final do primeiro semestre por não estar satisfeito. Nas entrevistas iniciais, foi constatado que tinha muita ansiedade para cursar as aulas de anatomia; não podia pensar em ver as peças fragmentadas de seres humanos. Após a constatação dessa dificuldade e realizada a elaboração possível destes elementos, o jovem pensou em estudar Agronomia, que também fazia parte da área de Biológicas. Contudo, teria de mudar de cidade para frequentar este curso, e novamente se sentia incapacitado, desta vez por ter de se separar de sua família. Neste ponto do processo, já estava bastante clara a necessidade de um processo terapêutico. Entretanto, não seria saudável para um jovem ficar parado até resolver suas dificuldades de ordem mais profunda para poder ir ao encontro de seu desejo. Acrescentava que seus amigos já estavam todos na faculdade, bem como seu único irmão, dois anos mais novo, já estava preparando-se para o vestibular, o que lhe fazia sentir-se inferiorizado.

Carlos acabou optando pelo curso de Informática, o que, embora não satisfizesse seu desejo, permitia-lhe pensar na escolha sem ansiedade.

Podemos entender, nesse caso, um jovem que estava com uma ansiedade paralisante. Notamos a presença da tendência reparatória por meio da escolha da Medicina. Aí também estavam representados os objetos fragmentados, destruídos por seu sadismo (os objetos que "chamam" para a reparação). Não estava sendo possível a restauração desses objetos, apesar de seu desejo, sentindo-se esse jovem ameaçado por uma ansiedade persecutória. Tal ansiedade parecia estar mais intensa pelo fato de o

Sublimação, reparação e a escolha profissional

objeto da escolha não se encontrar suficientemente distanciado, mediante o processo de simbolização.

Quando Carlos faz a escolha por Agronomia, vemos a manifestação predominante de sua pulsão de vida, o que foi apontado no processo de Orientação Vocacional. Mas esse trabalho, como disse, não teve tempo suficiente de elaboração, e aqui a ansiedade fica focalizada na separação da família.

Finalizando o processo, o jovem opta por Informática, curso que eventualmente não lhe traria a gratificação desejada, pois parecia uma solução "neutra", na qual não estava representado o objeto da ansiedade, porém também não a tendência para a reparação. Não podemos chamar de uma escolha autônoma, pois este ego não possui a liberdade para ir ao encontro do objeto de seu desejo. Contudo, propiciou uma adaptação de Carlos frente às dificuldades que vinha vivendo. Ao mesmo tempo, foi encaminhado a uma psicoterapia para resolver seus conflitos e suas ansiedades.

Referências

BARANGER, W. *Posição e objeto na obra de Melanie Klein.* Porto Alegre: Artes Médicas, 1981.

BOHOSLAVSKY, R. *Orientação Vocacional* – a estratégica clínica. São Paulo: Martins Fontes, 1977.

_____. Entre a encruzilhada e os caminhos. In: _____. (Org.). *Vocacional*: teoria, técnica e ideologia. São Paulo: Cortez, 1983.

CUELI, J. *Vocacion y Afectos.* México: Limusa Wiley, 1973.

FREUD, S. (1905) Tres ensayos para una teoria sexual In: _____. *Obras Completas.* Tomo II. Madrid: Editorial Biblioteca Nueva, 1981.

_____. (1910) Un recuerdo infantil de Leonardo da Vinci. In: _____. *Obras Completas.* Tomo II. Madrid: Editorial Biblioteca Nueva, 1981.

_____. (1915) Los instintos y sus destinos. In: _____. *Obras Completas.* Tomo II. Madrid: Editorial Biblioteca Nueva, 1981.

_____. (1929) El malestar en la cultura. In: _____. *Obras Completas.* Tomo II. Madrid: Editorial Biblioteca Nueva, 1981.

HINSHELWOOD, R. D. *Dicionário do pensamento kleiniano.* Porto Alegre: Artes Médicas, 1992.

LAPLANCHE, J.; PONTALIS, J. B. *Vocabulário de Psicanálise.* São Paulo: Martins Fontes, 1983.

LAPLANCHE, J. *Problemáticas III*: A Sublimação. São Paulo: Martins Fontes, 1989.

KLEIN, M. A importância da formação de símbolos no desenvolvimento do ego. In: *Contribuições à Psicanálise.* São Paulo: Mestre Jou, 1981.

_____. *Psicanálise da criança.* São Paulo: Mestre Jou, 1981.

_____. Algumas conclusões teóricas sobre a vida emocional do bebê. In: _____. *Os progressos da psicanálise.* Rio de Janeiro: Zahar, 1969.

Sublimação, reparação e a escolha profissional

SEGAL, H. *A obra de Hanna Segal* – uma abordagem kleiniana à prática clínica. Rio de Janeiro: Imago, 1983.

_____. *Sonho, fantasia e Arte*. Rio de Janeiro: Imago, 1991.

SPILLIUS, E. B. Desenvolvimento da teoria e da técnica. In: _____. *Melanie Klein Hoje*. v. 1. Rio de Janeiro: Imago, 1991.

Diagnóstico de Orientação Profissional – O uso do TAT

Sandra Pavone[1]

O presente capítulo tem por objetivo apresentar algumas considerações a respeito do processo diagnóstico em orientação profissional clínica. A princípio, porém, consideramos importante situar nosso trabalho, para depois abordarmos mais especificamente esta questão. Por fim, relatamos nossa experiência com o uso do TAT (*Thematic Apperception Test*) enquanto técnica diagnóstica, ilustrada no relato de dois casos.

Quando falamos de diagnóstico em orientação profissional, sabemos estar remetendo a nossa prática a uma teoria de orientação profissional e, mais especificamente, da escolha.

A escolha da ocupação profissional não é ato isolado daquilo que a escolha implica em sociedade: a economia do país, as condições sociais vigentes, a situação de cada profissão nessa economia no momento da escolha, especializações cada vez maiores dentro das carreiras etc. O próprio momento da escolha é socialmente determinado em função da forma como os estudos e a preparação para a profissionalização estão organizados no sistema global de ensino de cada sociedade.

Entretanto, quando trabalhamos em orientação profissional com os sujeitos que nos procuram com uma questão voltada para a vida profissional, seja ela qual for (mudança de nível escolar ou de escola, conclusão de curso, mudança de emprego), entendemos

---

[1] Psicóloga formada pela USP, psicanalista, mestre em Semiótica Psicanalítica pela PUC-SP, Especialização em Escolarização e Clínica com Crianças com DGD pela USP, membro do Setor de Psicologia da Derdic/PUC-SP.

haver uma relação individual de cada um com esses aspectos sociais, em que elementos externos ao sujeito adquirem, durante o processo de desenvolvimento, significados subjetivos particulares.

Não buscamos desconsiderar esses elementos, nem as dimensões político-ideológicas que permeiam muitas escolhas, mas acreditamos não ser especificidade do nosso trabalho atuar diretamente neles, mas com os indivíduos em si, permitindo-lhes uma maior consciência crítica dessa sobredeterminação e multideterminação, assim como da consciência de si.

Quando o jovem vem com um pedido de orientação, em geral próximo da época do vestibular, o processo de formação da escolha já está razoavelmente constituído dentro dele. Isso significa dizer que, ao propor um trabalho de orientação profissional, pensamos atuar muito menos sobre sua escolha e bem mais sobre sua dúvida.

Há sempre um aspecto observável no pedido "ajude-me a escolher uma carreira" que não chegamos a realizar de forma concreta. Tal afirmação se contrapõe à orientação profissional tradicional, que coloca o orientador num papel daquele que *sabe* sobre profissões e sobre as aptidões e os interesses para realizá-los bem.

Esse pedido por parte do adolescente, que traz explícito no discurso um não saber o que escolher, não é sinônimo de incapacidade, pois as escolhas não são determinadas nem por capacidade, nem por aptidões e interesses, mas pela orientação do desejo do indivíduo.

Neste sentido, pensamos haver na demanda de orientação profissional um pedido de ajuda sobre a dúvida, entendida como um conflito entre aquilo que o jovem deseja, isto é, aquilo que escolhe, e os obstáculos a esse desejo. Dentro do referencial da psicanálise, o objetivo da orientação está, portanto, voltado para a compreensão da dúvida e de seus desdobramentos: o desejo do jovem e os obstáculos a este desejo[2].

---

[2] Este conceito vem sendo desenvolvido e possivelmente será apresentado com maior riqueza e profundidade num trabalho posterior.

O diagnóstico inicial

Objetivos

O objetivo fundamental das entrevistas iniciais é a elaboração do primeiro diagnóstico, eventualmente a formulação do contrato de trabalho ou o encaminhamento para outro tipo de atendimento.

A orientação profissional é um processo com objetivos específicos, e a possibilidade de se chegar mais proximamente deles está, também, em realizar um bom diagnóstico inicial. O que buscamos é oferecer a possibilidade de o jovem conhecer mais sobre si e suas escolhas a partir, principalmente, do esclarecimento desse pedido de ajuda da dúvida.

Antes de falarmos sobre como ele é realizado, cumpre lembrarmos sua função. Deste primeiro diagnóstico, surgirá um prognóstico de orientabilidade do caso, que pode ser entendida como as possibilidades existentes de o jovem beneficiar-se do atendimento proposto. Em outras palavras, poderá, com o atendimento, instrumentalizar-se para tomar uma decisão consciente a partir do conhecimento do seu desejo.

Para alguns, a busca de ajuda a partir de um pedido de orientação profissional por vezes encobre a necessidade de um atendimento psicoterápico, que possui objetivos diversos e mais amplos daqueles propostos pela orientação profissional.

"Por que escolher uma profissão traz dificuldades a este adolescente?", ou, ainda, "O que faz esta pessoa buscar ajuda é de fato sua dúvida profissional?" Para que esses questionamentos se ampliem, é importante conhecer bem a que se propõe o atendimento em OP para dizer se este, de fato, poderá colaborar com essa pessoa no que a aflige.

Portanto, antes que se inicie um processo, devem ficar esclarecidos os aspectos da orientabilidade, assim como ampliados os conhecimentos acerca da dinâmica da dúvida (a que esta se deve).

Como realizá-lo

Entendemos o processo diagnóstico menos como sendo nosográfico (identificação da patologia clínica em que estaria inserido o paciente), e mais como compreensivo. O propósito não é o de recolher dados da história do cliente, mas conhecer sua dinâmica interna.

Consideramos a entrevista aberta a mais indicada para atingirmos os objetivos expostos neste trabalho. Nela, o entrevistado tem liberdade para as perguntas ou as intervenções, sendo adaptável a cada caso particular. Apesar dessa liberdade nas questões, não se trata de uma entrevista de anamnese. "Deve haver nessa entrevista flexibilidade suficiente do entrevistador que permita, na medida do possível, que o entrevistado configure o campo da entrevista segundo sua estrutura psicológica particular" (BLEGER, 1964).

Ainda nas palavras de Bleger (1964),

> Na entrevista, supõe-se que cada cliente tem organizada uma estória de sua vida e um esquema de seu presente que não tem necessariamente relação com os dados reais. As dissociações, contradições, esquecimentos, etc. que ocorram na entrevista correspondem a aspectos da própria personalidade do entrevistado.

Ao final da primeira entrevista, estabelece-se o contrato se já estiver clara para nós a orientabilidade ou não do caso. Se isso ainda não se tiver dado, é necessário que se realizem algumas entrevistas a fim de se ter maior clareza sobre o caso.

Mesmo no caso de encaminhamentos, consideramos importante que isso se realize dentro de algumas entrevistas, e não ao final da primeira, permitindo um espaço maior para elaboração dos conteúdos das informações que deram origem ao encaminhamento. É importante salientar que o diagnóstico é uma aproximação na qual se formulam hipóteses, buscando-se compreender e avaliar orientabilidade e prognóstico, as quais, porém, estão sujeitas a reformulações durante o atendimento em si.

Diagnóstico de Orientação Profissional

Os testes no diagnóstico de Orientação Profissional

Antes de falarmos dos possíveis usos de testes no trabalho de OP, creio ser importante refletirmos sobre o uso deles em geral. Em seu artigo "A sociedade laudatória", Odair Sass discute o uso dos resultados de testes psicológicos, dizendo que é importante não só que se tenha clareza dos limites de suas utilizações, mas também que se conheçam bem suas finalidades e os objetivos que os determinaram para não perpetuarmos situações sociais vigentes. No caso específico da OP, sabemos que as provas psicológicas utilizadas para o "conhecimento" das aptidões, perfil de personalidade e interesses dos jovens ignoram por completo a sobredeterminação da escolha e, principalmente, que em nossa sociedade dita democrática escolher nem sempre é acessível a todos.

Para Sass, não basta dizer que os testes não testam aquilo a que se propõem, pois não estão mais adequados à realidade atual, nem validados para a nossa população. Também não se deve reduzir a complexa dinâmica social a fenômenos puramente psicológicos. Ou seja, o uso de testes corrobora muitas vezes as condições sociais vigentes.

Não se trata, porém, de, em nome da crítica, propor um imobilismo com o qual estaríamos abrindo mão da especificidade e da necessidade do nosso trabalho, mas cumpre sermos críticos com relação ao uso das técnicas: suas dimensões políticas e ideológicas.

No caso do diagnóstico em OP, os testes podem assumir um papel instrumental, ou seja, não devem substituir a função do psicólogo, mas somar-se a esta. O processo não pode ter início a partir dos testes, mas estes devem vir para enriquecer as informações e as hipóteses já conhecidas por meio da entrevista psicológica.

Do ponto de vista clínico, sabemos também que muitas vezes são atribuídos aos testes significados que podem colaborar na compreensão da dinâmica de personalidade do jovem e também da escolha: bola de cristal, denotando uma idealização, ou algo invasivo que demonstra persecutoriedade e os mecanismos ligados a esta.

Cremos, porém, que o uso de testes projetivos no processo diagnóstico pode acrescentar, confirmar ou não as hipóteses levantadas na entrevista, principalmente quando na entrevista surgem intensa angústia, resistência, negação ou confusão, o que torna difícil a compreensão do entrevistados.

TAT (Thematic Apperception Test) no diagnóstico de orientabilidade

Em nossa pesquisa sobre o uso do TAT (*Thematic Apperception Test*) no diagnóstico de orientabilidade, procuramos mostrar a validade desse instrumento enquanto técnica diagnóstica, conforme esclarece Souza (1991).

Acreditamos existir uma analogia entre a dinâmica interna que está sendo empreendida pelo jovem na sua escolha de profissão e a organização das histórias desse sujeito diante das pranchas do TAT.

Especificamente com relação à Orientação Profissional, a pesquisa mostrou-nos que as mensagens emitidas por algumas pranchas despertam conflitos que são igualmente significativos na compreensão da dinâmica da escolha profissional. Por exemplo:

a - crescimento e diferenciação (Pr.2, 6BM, 6GF);

b - aspirações, expectativas, ideal de ego (Pr. 1 , 6GF, 8GF, 14);

c - identificação com os próprios desejos ou submetimento (Pr.1,2, 7BM, 13B).

Percebemos ainda haver grande concordância na estrutura e organização das histórias no TAT e nas entrevistas.

Como dissemos acima, o uso do TAT no momento diagnóstico e no prognóstico pode ser valioso, principalmente quando na entrevista fica difícil detectarmos e avaliarmos os elementos de orientabilidade.

Diagnóstico de Orientação Profissional

O material recobre estruturas muito precisas (de naturezas afetiva e fantasmática) e, diferentemente do que denominou muitas vezes, é estruturado. As pranchas são uma mensagem emitida para as quais o sujeito apresenta uma interpretação, que surge de acordo com a organização individual da personalidade e nem tanto por um ato de imaginação. A percepção das figuras não acontece de forma absoluta, ou seja, o que é visto e relatado é aquilo que tem valor para aquele sujeito.

A situação projetiva é, em certa medida, vazia; o sujeito vai preencher recorrendo menos à sua inteligência, e mais aos seus recursos internos.

Ao se colocar o sujeito diante de um material relativamente informe, como as pranchas do TAT, para que este o organize, é possível compreender pela estruturação que dá ao material algo de sua própria estrutura psicológica.

"Contar uma história diante da prancha do TAT é mais um ato de organização do que um ato de imaginação" (SHENTOUB, 1963, *apud* ANZIEU, 1979).

As palavras, ou seja, a história relatada, vêm para organizar o que a percepção da prancha despertou. Em outras palavras, o discurso consciente, assim como o conteúdo manifesto de um sonho, é uma forma de apresentar os conteúdos inconscientes despertados pelas pranchas.

Isso significa que, ao conhecer sobre os conteúdos das histórias relatadas (a que eles se devem, como o jovem busca solucionar os afetos despertados), podemos conhecer também a natureza dos conflitos que levam à dúvida profissional.

Nos casos em que se mostre necessário, portanto, somar-se à entrevista psicológica o uso do TAT, sugerimos a aplicação das seguintes pranchas, por haverem demonstrado em pesquisas anteriores (SHENTOUB, 1963, *apud* ANZIEU, 1979) que evocam temas e avaliam aspectos da personalidade que são relevantes na escolha profissional:

Para mulheres: 1, 2, 3BM, 4, 6GF, 7GF, 8GF, 11, 16, 14

Para homens: 1, 2, 3BM, 4, 6BM, 7BM, 11, 13, 16, 14

Resumem-se, a seguir, descrições breves das pranchas sugeridas com o fim de facilitar a compreensão das citações nos relatos de casos:

Prancha um – Menino diante de um violino. Áreas exploradas: a) dever: submetimento x rebelião; b) expectativas, aspirações, ambições, ideal de ego, fantasias ocupacionais; c) fantasia frente ao dever; d) imagem dos pais.

Prancha dois – Situação triangular: um casal e uma terceira pessoa, aparentada com o casal ou ligada afetivamente a ele, e mais ou menos em atitude de oposição. Áreas exploradas: a) conflitos de adaptação intrafamiliar; b) crescimento/diferenciação; c) conflitos com a feminilidade; d) conflitos com as formas de vida: campesino x urbano, instintivo x intelectual, virgindade x maternidade; e) nível de aspiração; f) atitude frente aos pais.

Prancha três BM – Personagem arrasado, ou ambíguo: rapaz ou moça. Áreas exploradas: a) frustração; b) depressão; c) suicídio. Omissão do revólver: dificuldade em expressar agressão de forma manifesta.

Prancha quatro – Casal em discordância ou cuja felicidade está ameaçada. A existência do terceiro personagem (mulher pouco vestida), ao fundo, é percebida apenas por alguns sujeitos.

Áreas exploradas: a) conflitos nas relações homem-mulher; b) atitudes frente ao próprio sexo e ao oposto; c) triângulo; d) competição.

Prancha seis GF – Homem e mulher, geralmente não casados (desconfiança, briga, pressão ou chantagem). Áreas exploradas: a) temores; b) expectativas; c) pressão; d) comportamento frente à figura paterna.

Diagnóstico de Orientação Profissional 141

Prancha seis BM – Mãe e filho (ou equivalente). Áreas exploradas: a) atitude frente à figura materna; b) dependência x independência c) culpa; d) situação edípica.

Prancha sete GF – Mãe e filha com um recém-nascido (ou boneca). Áreas exploradas: a) identificação com a figura materna; b) imagem da mãe; c) atitude frente à maternidade; d) comportamento intrafamiliar.

Prancha sete BM – Pai e filho (ou equivalente) – Áreas exploradas: a) identificação com a figura paterna (adulto, autoridade); b) submetimento x rebelião.

Prancha oito GF – Mulher feliz ou triste (pensativa) – Áreas exploradas: a) problemas atuais e fantasias.

Prancha onze – Cena fantástica, pré-histórica, cataclismo. Áreas exploradas: a) ansiedade frente ao instintivo; b) mecanismo de defesa; c) forças mais inconscientes.

Prancha treze B – Menino sentado à porta de uma casa. Área explorada: a) imagem de si mesmo.

Prancha catorze – Personagem olhando para fora de uma janela. Áreas exploradas: a) homem do lado de dentro: fantasias, expectativas, emoção; b) homem do lado de fora: evasão, aventura sexual e roubo.

Prancha dezesseis – Prancha em branco. Áreas exploradas: a) conflito central; b) transferência com aplicados; c) ideal de ego.

Relato de casos

Relataremos aqui sumariamente o diagnóstico clínico de dois casos. O primeiro, em que ficam claros os aspectos de orientabilidade, e o segundo, em que a demanda mais urgente nos pareceu a psicoterapia.

Caso 1

Neste primeiro caso, ilustraremos tanto aquilo que nos parece ser a demanda de Orientação Profissional, ou seja, a dúvida enquanto formação sintomática, quanto o uso do TAT para o diagnóstico. Este relato se enquadra no que foi descrito acima como entrevistas, em que a compreensão do entrevistador fica bastante dificultada por intensa confusão, negação, o que nos fez, portanto, sugerir o uso de algumas pranchas do TAT.

O rapaz cursava o terceiro ano do Ensino Médio e tinha dezesseis anos, na época em que a pesquisa foi realizada. Esclarecemos que a entrevista foi marcada pela intensa confusão ao longo do discurso. Quando perguntado por que havia procurado Orientação Profissional, ele respondeu: "Eu vejo assim... eu queria fazer... logo... eu tinha uma visão formada... eu queria fazer Análise de Sistemas com ênfase em Matemática".

Ao mesmo tempo, sentir-se confuso é parte da queixa: "Estou agora, no momento, muito confundido, na dúvida, totalmente perdido... acho que não tenho uma personalidade formada. Estou confuso e não consigo me definir."

Suas histórias do TAT são marcadas pela confusão, que é sempre sequente a momentos em que parece que vai definir alguma coisa, dar livre expressão aos seus sentimentos, do que gosta e do que não gosta, enfim do que deseja.

As histórias dos personagens em geral não relatam um conflito, mas a defesa, ou seja, são pessoas "pensando no que aconteceu" sem poder contar ou definir o que aconteceu. Ou, ainda, Prancha um – "Tem um menino que está com dificuldade porque não consegue lembrar as notas que ele pode recitar; não acha... ele não tá achando palavras, no caso as notas que ele pode falar. Ele está sentindo dúvidas sobre seu, seu estado e ele está totalmente confuso". Diante do inquérito é também a confusão que aparece ("O que pode ter acontecido para ela se sentir assim?"): "Uma morte, ou um fato triste, né? Ou então ela está confusa, pode também ser dúvida."

Diagnóstico de Orientação Profissional

143

Tomando-se apenas esse aspecto, o que se vê é que a confusão neste momento parece ser muito menos devido à falta de recursos e muito mais uma forma de impedir que conteúdos inconscientes venham à consciência. Ficar em dúvida, confuso, é não se definir, ou seja, não se permitir saber de seus desejos ("as notas para tocar").

Na forma de apresentar suas escolhas, o jovem fica sempre numa posição sem recursos para executá-las bem; questiona suas capacidades: "Eu queria fazer Análise de Sistemas com ênfase em Matemática, mas fui muito mal em exatas na escola, pois usaram muita lógica". Pensou em cursar Direito, mas não é muito bom em "decorar as coisas", nem é *capaz* de ficar muitas horas lendo. Pensou também em Odontologia, mas o curso é caro; ele precisa ver se tem habilidade motora.

Viveu uma situação com uma jovem que gostaria de namorar, porém não deu certo, em que também se coloca como sem recursos: "Passei o ano achando que não tinha capacidade para nada... tipo assim: eu era um ser desprezível; pior que eu, ninguém. Ela era muito para mim."

Isso que, aparentemente, se vê como um empobrecimento, falta de capacidade, na verdade parece ser um solução encontrada para não se ver potente. Como neste ato falho na história relatada na Prancha dezesseis: "Estão falando para eu não ir que, às vezes, eu posso me dar bem". Se a intenção consciente era dizer não ir, pois poderia se dar mal, a formação do lapso nos mostra a ideia original: o perigo está em se dar bem.

Neste ponto seria interessante colocarmos uma questão: qual a função disto?

Nas histórias, observa-se que relatar os conflitos, oposições, gera intensa ansiedade, e este jovem faz uma opção pela passividade, empobrecimento dos próprios recursos, negação das competições. Como no exemplo a seguir, no qual o jovem busca mostrar oposição, mas acaba optando por concordar sem mostrar o seu próprio pensamento divergente do pensamento do pai.

Prancha sete BM – "Aqui o pai e o filho, este refletindo no que o pai está falando, pensando se é verdade mesmo... então de... não pode ser imediatamente ele vai falar:

"– Pai, o senhor está certo.

"Mas, ao passar do tempo, talvez até após meses, ele vai falar:

"– É, realmente, meu pai estava certo."

Na Prancha onze, parece poder relatar mais o conflito: "A briga... é uma briga pelo lugar. Por que se já há discussão entre... se eles estão lutando, é porque um vai ter que ceder, pois não poderá haver divisão de lugar, e o outro vai morrer ou procurar outro lugar para ele."

Mais claramente, o que se vê é o crescimento ligado à morte de alguém, pois não pode haver dois que podem no mesmo lugar. O que este jovem vive em forma de conflito é, por um lado, seu desejo de crescer, opor-se ao desejo do outro, de mostrar-se capaz, de falar de seus próprios gostos e interesses e, de outro, a ideia de que isso representa uma "guerra de lugares": alguém tem de morrer pra dar lugar ao outro, ou até mesmo a ideia de ser abandonado, caso faça a opção pelo que deseja.

Portanto, o jovem impede seu desejo de aparecer (mostrando-se pequeno, incapaz, passivo, confuso) como forma de evitar a angústia despertada por tal representação imaginária que os temas das pranchas vêm reavivar.

Diante disso, como poderia o jovem ter clara sua escolha profissional já que isso implica poder reconhecer quais são seus desejos, ver-se capaz etc.?

Devido à entrevista, sabemos que seu pai estava com câncer na próstata, o que parece ser um aspecto da realidade que intensifica suas angústias em se mostrar potente, assim como suas defesas aliviam uma possível responsabilização e culpabilização por este fato. Sendo assim, concluímos que o processo de Orientação Profissional poderia colaborar com este jovem no que o impede de escolher autonomamente uma profissão.

Diagnóstico de Orientação Profissional 145

Caso 2

A jovem buscou o Serviço de Orientação Profissional aos dezoito anos, quando cursava o segundo ano do Ensino Médio. Primogênita de um casal migrado do Ceará, possuía quatro irmãos mais novos, sendo que um falecera após o parto. Havia também uma irmã mais velha, casada, filha de um outro relacionamento da mãe.

No início da entrevista, abordou a questão profissional: "Nem sei se vou fazer faculdade. Às vezes penso em fazer um curso para já começar a trabalhar". Pensou em ser secretária, modelo ou trabalhar em banco, que é um sonho da família dela.

Quando começou a falar sobre a família, o relato tornou-se bastante confuso, havendo, durante a entrevista, um movimento constante entre fantasia e realidade.

Contou que o relacionamento dos pais era marcado por brigas constantes. Falou de um pai bastante agressivo. Certa vez, até houve interferência da polícia, "pois o meu pai atacou minha mãe na parede, e ela desmaiou". Em outros momentos defendia o pai, dizendo que ele não é tão nervoso assim.

Quando a irmã mais velha se mudou da casa da avó materna para morar com os pais, "começou a aparecer um negócio errado lá". Contou que o pai obrigava a garota a ter relações sexuais com ele: "Ele até desonrou ela; ela acabou engravidando". Pelo que conta, a invasão da intimidade por parte desse pai também se passava com ela e os outros irmãos.

Ela já teve experiências com outros rapazes. Um amigo disse-lhe que ela tinha "uma pomba guia, e por isso tinha que acabar transando."

Numa outra situação, o que de início ela contou como sendo um flerte, transformou-se num assalto, em que ela foi obrigada a ter relações sexuais com o rapaz, que a ameaçou com um revólver.

Em todos os relatos, o que se vê é que a questão da sexualidade se repete. As próprias escolhas profissionais referidas apontam para o sentido subjacente da sexualidade (ser secretária, modelo, atriz). Porém, como poderiam seus recursos internos ser utilizados para a escolha profissional se a problemática sexual parece mais emergente?

Podemos dizer que, neste caso, a este "não sei o que fazer de profissão" se sucede "não sei o que fazer com minha sexualidade."

O desejo de ter um trabalho logo, fazer cursos etc. também nos pareceu articulado com a própria busca de solução da orientação da sexualidade. Ou seja, para esta garota, "cursos" e "guia" seriam significantes de sua necessidade de orientação na constituição de sua sexualidade, já que ela própria se via naquele momento destituída de recursos.

Na Prancha um (cena fantástica, pré-histórica, cataclismo), ela contou uma história de natureza sendo destruída: "É preciso alguém que defenda a natureza, pois você ter força para preservar aquilo é difícil, né?"

Em outras histórias do TAT, ela também aparecia identificada com o personagem ameaçado de destruição e sem recursos próprios para converter a situação. Na Prancha dois, "eles estão esperando para ver o que acontece, levando uma vida monótona; se chegar o progresso pode até mudar". Na Prancha dezesseis, contou a história de animais impotentes diante da invasão e destrutividade externas, e novamente os recursos vinham de fora.

Nas pranchas em que a questão da sexualidade feminina era mais intensamente despertada (seis GF, quatro, oito), ela apresentou várias opções para o que pudesse ter causado o conflito relatado, buscando não se responsabilizar, nem mostrar seus próprios interesses e desejos.

Prancha seis GF (homem e mulher geralmente não casados): "Aqui ele fez um comentário que a *surpreendeu*, ou deixou ela *interessada*."

"O que pode ter sido?"

"Sei lá, feito uma fofoca, *ou* elogio *ou* falou coisas de pessoas próximas dela...

"Ela deve estar discordando, *ou* não esperava ouvir aquilo.

Diagnóstico de Orientação Profissional

"No final ela vai procurar *ou* saber mais, *ou* dizer se é *ou* não é verdade, *ou* vai negar e tentar esconder os fatos."

Mostrar, ocultar e confundir, num movimento que busca, sem sucesso, dar outras possibilidades de representação para essa paralisante equação: se mostra o que deseja, é invadida, violentada, destruída. Não mostrar seus interesses e desejos seria uma busca de evitar tudo a que isso aparece ligado, isto é, ameaçada de destruição, não poder preservar-se, ser violentada etc.

Neste caso, em que a Orientação Profissional não nos parece o aspecto mais emergente, podemos perceber que a problematização da escolha foi uma forma de buscar ajuda para essas questões pessoais. Aceitar essa busca sem elucidar seu movimento seria aliar-se a ela na afirmação de que seu problema é o que escolher como profissão.

Mesmo assim, o trabalho do entrevistador, neste caso um Orientador Profissional, pode ter sido não o de um mero encaminhador, mas de alguém que escuta com o propósito de elucidar esse pedido de Orientação Profissional, juntamente com a jovem.

Em algumas entrevistas, o que se buscou foi permitir um espaço para que o mais emergente pudesse se formular enquanto demanda.

Tantos outros pontos poderiam ser abordados aqui, devido à extensão e riqueza do material obtido pelo TAT. Entretanto, acredito ter abordado suficientemente a ideia desenvolvida ao longo do texto, principalmente no que diz respeito à dúvida – sintoma da impossibilidade de escolher – enquanto demanda de orientação.

O momento diagnóstico permite-nos, portanto:

1 - uma aproximação do que pode estar dificultando um jovem a saber de suas escolhas, ou seja, do que o leva a ter dúvidas;

2 - uma avaliação conjunta da possibilidade ou não do trabalho de OP poder colaborar com quem nos pede ajuda.

Referências

ANZIEU, D. *Os métodos projetivos.* Rio de Janeiro: Campus, 1979.

BOHOSLAVSKY, R. *Orientação Profissional*: A estratégia clínica. São Paulo: Martins Fontes, 1982.

BLEGER, L. *Temas de Psicologia.* Buenos Aires: Nueva Vision, 1974.

FREUD, S. Novas Conferências Introdutórias: Sintomas (Conf. XVI, XVI e XVIII). In: _____. *Obras Completas.* v. XVI. Rio de Janeiro: Imago Editora.

_____. Conferências Introdutórias: Parapraxias (Conf. I, II e III), In: _____. *Obras Completas.* v. XV. Rio de Janeiro: Imago Editora.

SOUZA, S. P. *Introdução do T.A.T na triagem como instrumento de orientabilidade.* Pesquisa de Especialização em Orientação Profissional realizada no Setor de Orientação Profissional da USP, 1991.

Orientação Profissional: adultos também a procuram

Célia Maria Mota Amaral[1]

> *Cada indivíduo encarna as relações sociais, configurando uma identidade pessoal. Uma história de vida. Uma vida-que-nem-sempre-é-vivida, no emaranhado das relações sociais.*
>
> (Ciampa, 1987)

A maioria dos profissionais que exerce a tarefa de orientar pessoas quanto a decisões de ordem vocacional/profissional está acostumada a atender jovens que, em geral, se encontram em fase de transição de um ciclo educacional a outro. Como nos ensina Bohoslavsky (1974, p. 14), "entre os quinze e dezenove anos aproximadamente se delineiam com mais clareza os conflitos relativos ao acesso ao mundo adulto em termos ocupacionais."

Numa sequência culturalmente construída e socialmente imposta, o adolescente deve cumprir etapas na sua escolarização até o momento em que lhe é conferido o direito (dever?) de escolher (decidir) uma carreira ou ocupação.

Esse "roteiro" é ideologicamente reproduzido como "natural" a qualquer percurso individual. É claro que, além dele, concorrem também as diferentes ordens morais locais, isto é, dependendo dos grupos ou segmentos sociais, existem valores e expectativas ligados à história de tais grupos. Por exemplo, uma família de operários pode desejar para seus filhos apenas um "bom emprego", mesmo estando sujeitos às veiculações ideológicas que enfatizam o

---

[1] Filósofa e psicóloga. Mestre em Psicologia Social pela PUC-SP. Professora de Psicologia Social e supervisora de estágios em Processos Grupais, Atenção Psicossocial e Orientação Vocacional na Universidade São Marcos, São Paulo.

"diploma" como critério para uma boa inserção profissional. Assim, em uma sociedade marcada pelas desigualdades socioeconômicas, como a nossa, a oportunidade de cumprir tal *script* está restrita a alguns segmentos privilegiados (nas camadas mais desfavorecidas, a urgência do manter-se vivo leva jovens e crianças a realizarem qualquer atividade remunerada que apareça, sendo a educação formal interrompida precocemente).

Diante da oportunidade de estabelecer metas profissionais, o jovem, muitas vezes, sente-se inseguro, angustiado, e busca a ajuda de um especialista.

Assim, a prática da Orientação Profissional vem sendo desenvolvida para atender à demanda dessa faixa etária, ancorando-se em técnicas e teorias que consideram o sujeito-orientando vivendo seu período de adolescência.

Entretanto, adultos também procuram consultórios e serviços especializados, apresentando queixas de ordem vocacional ou profissional. Se esse fenômeno ocorria de forma esporádica, nos últimos anos parece estar tornando-se muito mais comum.

O objetivo desse artigo é de refletir a respeito do alcance da Orientação Profissional, considerando essa "nova" demanda, partindo de uma experiência vivida em um centro de estudos e atendimentos de psicologia na área da educação.

O serviço de Orientação Profissional, nessa instituição[2], tem duas finalidades: oferecer estágio aos alunos do último ano do curso de Psicologia e atender à comunidade.

A responsabilidade que me cabe, enquanto supervisora, inclui a formação do futuro psicólogo/orientador (que atua diretamente com a clientela) e a necessidade da população que nos procura. Esse binômio impõe uma reflexão constante, uma vez que as situações que enfrentamos no nosso trabalho se modificam, em função de quem são os alunos-estagiários, de quem são os orientandos, do momento sociopolítico que vivemos e até dos conteúdos que os meios de comunicação veiculam em determinados períodos.

---

[2] Universidade São Marcos.

Orientação Profissional: adultos também a procuram

O trabalho realizado pelos alunos-estagiários, após leitura de bibliografia específica (Bohoslavsky, Pelletier), compreende a caracterização do grupo a ser atendido (em média, oito componentes), o planejamento de seis a oito sessões de duas horas, e os atendimentos seguidos de supervisão.

Com base em questionários a que os orientandos respondem no momento da inscrição, é possível verificar, entre outras coisas (dados pessoais, familiares, escolares etc.), por que tais pessoas buscam a Orientação Profissional. Em geral, como assinala Baptista (1988, p. 38), o jovem se diz confuso, com dúvidas, "querendo tomar decisões que a realidade exige dele, mas sem ter explícitos os motivos que o levam a estar em tal situação de confusão e também sem saber o que fazer para sair dela e poder estabelecer metas futuras". Ele precisa definir cursos ou profissões.

Os objetivos são estabelecidos a partir de três temáticas: o autoconhecimento ("quem escolhe?"), o conhecimento da realidade ("em que contexto escolhe?") e o processo de escolha ("como escolhe?"). As estratégias incluem tarefas individuais e dinâmicas de grupo que facilitem descobertas e elaborações sobre a identidade pessoal ocupacional e sobre o mundo do trabalho.

Ao final do trabalho, todos se autoavaliam, o que dá uma dimensão dos crescimentos individual e grupal e coloca a experiência como uma etapa de um processo que continua, além dos limites das sessões que foram vivenciadas.

Adultos procuram Orientação Profissional

Eventualmente, adultos têm procurado nosso atendimento. Em geral mulheres que, em função de alterações na vida familiar (filhos crescidos, separação, melhor condição financeira), desejam estudar ou trabalhar; mais raramente, homens.

A partir do segundo semestre de 1993, houve um sensível aumento de inscrições de pessoas acima da faixa etária que compreende a adolescência. Isso ocorreu, principalmente, após a publicação de um artigo em jornal paulista (*Folha de S. Paulo*), intitulado "Mudar de carreira exige estratégia", que trazia à pauta a insatisfação no trabalho e a possibilidade de mudança. Tal artigo sugeria o auxílio de serviços especializados em orientações psicológica e vocacional, indicando faculdades (inclusive a nossa) que o realizam.

O fato de os meios de comunicação se interessarem pelo assunto pode ser visto como consequência de uma demanda oculta e determinante de seu desocultamento.

Essa "nova" demanda nos levou a organizar grupos de atendimento com essa população mais velha. Supervisora e estagiários, que coordenariam tais grupos, tiveram oportunidade de discutir suas expectativas antes de elaborar um projeto de trabalho.

Resumidamente, esperávamos que essas pessoas:

- desejassem uma orientação diretiva para uma (re)inserção rápida no mercado de trabalho (como procurar um emprego, como elaborar um currículo, como fazer uma entrevista etc.);
- tivessem uma percepção mais desenvolvida de si e da realidade (em relação aos adolescentes), tendo em vista as experiências já vividas;
- apresentassem muita resistência para romper com vínculos e hábitos estabelecidos;
- estivessem aptas para realizar projetos realistas com relação ao futuro (menor grau de fantasia que os adolescentes).

Decidimos não abandonar a proposta de orientação não diretiva, fundamental para nosso trabalho; entendemos que cabem ao sujeito as decisões e a responsabilidade por elas. Ao orientador cabe o papel de oferecer situações em que o próprio sujeito perceba melhor seu funcionamento psíquico, suas características pessoais, sua forma de enfrentar problemas. Cabe ainda facilitar a percepção das determinações que o constituem: influências socioeconômicas presentes no seu contexto de vida. Essa dimensão ética da

Orientação Vocacional foi mencionada por Bohoslavsky (1974, p. 35): "A ética surge do fato de que, ao considerar o homem sujeito de escolhas, consideramos que a escolha do futuro é algo que lhe pertence e que nenhum profissional, por mais capacitado que esteja tem direito a expropriar."

Estabelecemos que, tendo em vista a não diretividade, os objetivos a serem perseguidos seriam:

- ajudá-los no processo de ressignificação das histórias escolar e profissional vividas (passado);
- ajudá-los a entender o momento atual e os sentimentos presentes (presente);
- ajudá-los a estabelecer metas realistas e traçar estratégias para alcançá-las (futuro).

Dessa forma, o planejamento das sessões apenas esboçou-se, de modo que pudéssemos ser bastante flexíveis para atender às necessidades que emergissem durante os encontros com os grupos.

Os primeiros dezesseis adultos atendidos (três grupos) tinham de 21 a 41 anos; todos trabalhavam ou já haviam trabalhado (dois estavam desempregados, no momento); tinham, no mínimo, o Ensino Médio completo (dois com nível Superior; dois cursando faculdades; dois com a formação universitária interrompida). Apenas dois eram casados, um desquitado, e os demais solteiros; a maioria do sexo feminino (dez). Os motivos que os levaram a procurar Orientação Profissional foram: insatisfação com relação às atividades exercidas ou com os cursos escolhidos; dúvidas e receios quanto a novas escolhas; querer descobrir a "verdadeira vocação"; obter informações sobre campo de trabalho; falta de perspectivas.

Iniciados os atendimentos, tais pessoas se mostraram bastante envolvidas com o processo, respondendo às atividades propostas nos grupos de forma participativa. Valorizavam cada passo da experiência.

Durante as supervisões, pudemos perceber o quanto a disponibilidade para viver um processo de Orientação está associada à consciência das próprias necessidades (o que muitas vezes não ocorre com o adolescente, que é conduzido ao serviço pelos pais, por sugestão de colegas ou de professores, sem ter clareza de suas reais necessidades).

Apesar de estarmos atentos às expectativas iniciais e aos conteúdos que pudessem surgir nesses grupos, observamos que, basicamente, as questões que traziam se aproximavam daquelas trabalhadas com os adolescentes: quem sou e o que quero? Quais as oportunidades que existem? Como escolher ou decidir corretamente?

Os grupos seguiram, portanto, as mesmas etapas dos grupos mais jovens: autoconhecimento, conhecimento da realidade, processo de escolha.

Ao final do trabalho, conseguiram avaliar retrospectivamente o processo vivenciado, considerando-o de muita ajuda, não só para suas definições de ordem profissional, mas, também, para a consciência da identidade pessoal.

Por outro lado, coordenadores e supervisora puderam fazer algumas reflexões durante e após essa experiência.

O fato de adultos estarem procurando Orientação Profissional parece indicar que a representação social deste serviço está transformando-se. Se durante muito tempo ele era visto como "testes para definir áreas profissionais mais adequadas" para jovens inseguros e incapazes de escolher por si mesmos, hoje está perdendo esta imagem que desqualifica quem dele se utiliza e, ao mesmo tempo, confere poder ao profissional técnico. Enquanto "processo" que coloca o orientando como sujeito responsável pelas suas escolhas e o orientador como assessor ou facilitador desse caminho, a Orientação Profissional amplia seu alcance, podendo ajudar pessoas de diferentes idades e enfrentando diferentes situações.

Valeria a pena um estudo da transformação dessas representações sociais. Talvez ele nos levasse à compreensão de fenômenos interessantes relacionados às práticas psicológicas X contextos sociais. Como a Psicologia, nas suas diferentes apresentações, vai penetrando e transformando-se no cotidiano e no senso comum, criando uma demanda que, muitas vezes, escapa ao seu referencial teórico, isso implica uma revisão constante de nossas técnicas e de nossos fundamentos, de modo que a própria Psicologia, enquanto campo do saber e do fazer, também se transforma. Essa relação dialética já foi considerada por Berger e Luckmann (1990, p. 234): "Na medida em que as teorias psicológicas são elementos da definição social da realidade, sua capacidade de gerar a realidade é uma característica de que participam com outras teorias legitimadoras."

Por outro lado, o aumento da procura de adultos por Orientação Profissional exige uma releitura do mundo do trabalho e das rápidas mudanças sociais, que podem estar na origem das insatisfações e inseguranças do homem com seu trabalho. O desenvolvimento tecnológico acelerado acena-nos com uma proposta de conforto material, ao mesmo tempo que nos impinge novas formas de relações sociais. Corremos atrás do futuro e, na pressa, perdemos de vista o outro, aquele que, existindo diferente de mim, permite que eu seja "eu mesmo".

A questão da identidade, tema vital para o psicólogo na sua função de orientador profissional, precisa ser rediscutida considerando-se as rápidas transformações da realidade e os seus significados. Se, como nos afirma Duveen (1994, p. 268), "enquanto processo psicossocial, a construção de uma identidade é um modo de organizar significados que possibilitam à pessoa se posicionar como ator social", a tarefa de orientar profissionalmente alguém (adulto ou não) implica contribuir para a construção de identidades que se metamorfoseiam num mundo em transformação. A hipótese que decorre desta reflexão é que as crises de identidade se tomam mais frequentes na realidade atual, o que seria fator determinante de questionamentos pessoais e dificuldades na relação homem-trabalho.

Referências

BAPTISTA, M. T. D. S. Orientação Vocacional. *Revista Marco*, ano 9, n° 5, 1° semestre de 1988.

BERGER, P. L.; LUCKMANN, T. *A construção social da realidade*. Petrópolis: Vozes, 1990.

BERNARDO, J. V. Mudar de carreira exige estratégia. *Folha de S. Paulo*, 22 de agosto de 1993, Caderno Empregos, p. 1.

BOHOSLAVSKY, R. *Orientação Vocacional* – uma estratégia clínica. Buenos Aires: Nueva Visión, 1974.

CIAMPA, A. da C. *A estória do Severino e A História de Severina* – um ensaio de psicologia social. São Paulo: Brasiliense, 1987.

DUVEEN, G. Crianças enquanto atores sociais: as representações sociais em desenvolvimento. In: GUARESCHI, P; JOVCHELOVITCH, S. (Org.). *Textos em Representações Sociais*. Petrópolis: Vozes, 1994.

PELLETIER, D.; NOISEUX, G.; BUJOLD, C. *Desenvolvimento vocacional e crescimento pessoal*. Petrópolis: Vozes, 1982.

O atendimento em Orientação Profissional numa instituição pública – modelos e reflexões[1]

Fabiano Fonseca da Silva[2]

No ano de 1957, foi fundado o Departamento de Psicologia da Faculdade de Filosofia, Ciências Humanas e Letras da Universidade de São Paulo, sendo que a primeira turma de estudantes ingressou em 1958. Compondo o currículo do quinto ano do curso, era ministrada a disciplina "Seleção e Orientação Profissional", que contava com estágio supervisionado.

Inicialmente, o estágio era realizado em empresas públicas e particulares, mas diversas dificuldades para conseguir estágios para todos os alunos levaram os professores responsáveis pela disciplinar a idealizar "um serviço de psicologia aplicada ao trabalho."

A diferenciação entre as áreas de Seleção Profissional e Orientação Profissional levou ao desmembramento da disciplina inicial em duas novas matérias.

Em 1970, como consequência da necessidade de oferecer estágio aos alunos, foi criado o serviço de Orientação Profissional, que tinha como principais objetivos, além da possibilidade do estágio, viabilizar o acesso da população a este tipo de atendimento e desenvolvimento de pesquisa sobre novas possibilidades de atuação e técnicas.

---

[1] Trabalho realizado no Serviço de Orientação Profissional do Instituto de Psicologia da Universidade de São Paulo – Departamento de Psicologia Social e do Trabalho.

[2] Mestre e doutor em Psicologia Social e do Trabalho pela USP, professor da Universidade Mackenzie. Psicólogo do Serviço de Orientação Profissional da USP.

158 *A escolha profissional em questão*

Um processo baseado em entrevistas foi elaborado desde a fundação do serviço, pois esta abordagem apresentava vantagens se comparada a técnicas que priorizavam testes na elaboração de um diagnóstico e prognóstico, como cita Carvalho (1979): "A forma de Orientação Profissional através dos testes vocacionais parecia-nos insuficiente e, muitas vezes, inadequada para ajudar o jovem que apresentava uma problemática predominantemente subjetiva."

Nos primeiros anos de funcionamento do serviço, segundo Carvalho (1979), o atendimento era realizado individualmente; o elevado número de inscritos, somado à sua experiência pessoal, entretanto, levou ao estudo do atendimento em grupo. Ainda segundo Carvalho (1979): o processo de grupo leva o indivíduo "a mais realismo e menos fantasia e subjetivismo, pois existe uma substituição da ligação entre traços pessoais, pela visão da realização pessoal ao meio ambiente."

O trabalho desenvolvido nestes anos é a base do que se faz hoje, sendo descrito a seguir.

Diagnóstico inicial

O interessado, ao procurar o atendimento em Orientação Profissional, passa inicialmente por uma entrevista de triagem, quando é elaborado um primeiro diagnóstico. Realizada por psicólogos treinados, essa entrevista tem como objetivo levantar os motivos que nortearam a pessoa a procurar este atendimento, formulando um diagnóstico ao se avaliar o momento atual do *sujeito,* visando a investigar sua orientabilidade e se estabelecer um prognóstico que almeje a criação de uma estratégia de atendimento.

Orientabilidade é a existência de condições para que o sujeito possa participar de um atendimento em Orientação Profissional. Esse conceito foi desenvolvido por Bohoslavsky (1975) em paralelo à definição de analisabilidade criado por Freud, que significava investigar se o sujeito tinha condições de ser atendido psicanaliticamente.

O atendimento em Orientação Profissional numa instituição pública 159

Abaixo segue um roteiro para a entrevista de triagem e diagnóstico utilizado como guia no atendimento:

Sobre o serviço
Por que procurou o setor; como soube da existência do Serviço; quais são as expectativas sobre o atendimento.
Sobre a escolha
Tem alguma(s) profissão(ões) em mente; quais; o que sabe sobre ela(s); conhece algum profissional dessa área.
Sobre a escola
Gosta de estudar; tem alguma(s) matéria(s) predileta(s); há quanto tempo estuda nesta escola; tem muitos amigos na escola; como está encarando a mudança de escola.
Sobre a família
Como é o relacionamento familiar; quais as profissões dos pais e dos irmãos; o que a família acha de suas opções profissionais.
Trabalho
Gostaria de trabalhar; se já trabalha, como arranjou este emprego; descreva suas atividades.
Relacionamentos
O que gosta de fazer no seu tempo livre; tem amigos fora da escola; namora; há quanto tempo.
Conhecimentos sobre faculdades ou escolas
Já pensou em que faculdade ou escola gostaria de estudar; o que imagina sobre a em que vai estudar; quais as semelhanças e diferenças da escola em que estuda atualmente.
Perspectivas de futuro
Como gostaria que fosse sua vida no futuro; qual o lugar da profissão na sua vida.

Quando no primeiro diagnóstico existe um prognóstico positivo com relação à orientabilidade do entrevistado, este é encaminhado para um atendimento individual ou em grupo. O diagnóstico inicial é feito basicamente em uma entrevista, mas existem situações em que é necessária a realização de outras, a fim de que se tenha seguro o encaminhamento dado.

A ênfase dos atendimentos no serviço de Orientação Profissional acontece no grupo; a indicação para o atendimento individual ocorre em situações de exceção, quando o sujeito faz questão de ser atendido individualmente, quando existem dificuldades de horário, ou quando há um diagnóstico de orientabilidade, mas existem outras dificuldades de fundo psicológico que estão interferindo na escolha.

Segue um resumo de dois supostos casos que poderiam ser encaminhados para atendimento individual: P. era um rapaz de 21 anos que procurou o Serviço de Orientação Profissional afirmando ter dificuldades para escolher uma carreira. Disse que já havia iniciado um curso superior, mas que o havia abandonado, pois, no primeiro ano, apresentou distúrbios de ordem emocional, necessitando ser medicado. P. encontrava-se melhor, procurando um novo curso Superior. R., por sua vez, é uma mulher de 23 anos que terminou recentemente o Ensino Médio. Diz que está pensando em fazer um curso universitário. Durante a entrevista, fala que sua mãe morreu recentemente, e que ela cuida dos serviços domésticos em sua casa. R. tem dificuldade no contato com o psicólogo, sendo muito introvertida e ficando muito emocionada quando fala da mãe.

Os dois exemplos são situações específicas e distintas; o primeiro caso trata-se de uma pessoa com uma estrutura de personalidade que dificultaria o trabalho se estivesse no grupo, justificando-se o encaminhamento para atendimento individual. Já no segundo exemplo temos uma situação de luto em elaboração, necessitando de uma continência que talvez o grupo não ofereça.

Pode-se dizer que muitos destes casos atendidos individualmente se encontram numa fronteira entre o diagnóstico de orientação e um diagnóstico de psicoterapia. Em tais casos, o sujeito certamente se beneficiaria de uma psicoterapia, mas também existem vantagens e benefícios no acompanhamento em Orientação Profissional.

É situação bastante comum muitas pessoas procurarem neste serviço um atendimento psicoterápico. O que ocorre em muitas ocasiões é que pessoas com um comprometimento de fundo psicológico, não necessariamente ligado a questões da identidade vocacional, entram em contato com esses comprometimentos por meio de dificuldades na escolha da carreira ou no trabalho.

A busca de auxílio por intermédio da Orientação Profissional, nesses casos, justifica-se por tal tipo de atendimento socialmente estar ligado à "saúde", e não à "doença", pois esta abordagem tem uma proposta psicoprofilática, atuando em um nível preventivo, não estando ligada a um estigma de "trabalhar com loucos". Uma das principais formas de constatar a necessidade de um atendimento psicoterápico, e não de Orientação Profissional, é que a pessoa indicada à psicoterapia não se mantém no tema de escolha de carreira ou de profissão.

Quando se constata, durante o diagnóstico inicial, que a problemática vocacional é secundária frente a outras questões psicológicas, o encaminhamento para psicoterapia não ocorre de imediato. Na maioria dos casos, esse encaminhamento é precedido de um processo com duração de duas a três sessões em média, havendo um trabalho no sentido de apontar ao entrevistado que muitas das questões levantadas não estão relacionadas à dificuldade de escolha da carreira. Existe um processo que pode ser chamado de *clarificação do pedido*.

A experiência ressalta a importância do diagnóstico inicial, pois, em casos em que este não foi realizado, ou nos quais não foi feito adequadamente, existiram dificuldades, principalmente em casos que deveriam ter um diagnóstico de atendimento individual, mas foram encaminhados para atendimento em grupo. O diagnóstico impreciso pode deixar o grupo paralisado e afastá-lo de suas atividades, confundindo o enquadre estabelecido. Existem, portanto, casos em que o encaminhamento para o grupo é contraindicado, embora todas as pessoas que componham os grupos pudessem ser atendidas individualmente, o que não ocorre devido à grande procura e às diretrizes do serviço que priorizam o atendimento em grupo.

Preparação dos alunos para atendimento

Os atendimentos, tanto grupais quanto individuais, ocorrem em sua maioria durante o segundo semestre, concentrando-se no primeiro as entrevistas de triagem, o diagnóstico e o treinamento dos estudantes, que é composto por aulas teóricas e de grupos de vivência, obrigatórios, pelos quais passam todos os alunos matriculados na disciplina Orientação Profissional I.

Os grupos de vivência possuem dois aspectos, um pedagógico, em que o estudante passa pela experiência do grupo, tomando contato com técnicas de trabalho em Orientação Profissional, e outro que visa a elaborar a identidade como psicólogo do aluno, que passa por um novo momento de escolha profissional. Segundo Super (1980), o formando está entrando na "fase de fixação (ensaio)", quando o campo de trabalho já está estabelecido, mas o novo profissional busca especialização e estabilidade na sua área. Essa fase duraria aproximadamente dos 25 aos trinta anos. O aluno encontra-se em uma nova "encruzilhada profissional" e num momento de ingresso no mercado de trabalho, necessitando que sejam feitas novas escolhas e reeditando conflitos já adormecidos, que haviam aparecido no momento de escolha do curso Superior.

Atendimento

A grande maioria dos inscritos são atendidos em grupos com cerca de quinze pessoas, e divididos de acordo com a escolaridade. São compostos grupos de estudantes de oitava série; de primeiro, segundo e terceiro anos do Ensino Médio; grupos com o Ensino Médio completo e universitários. São também formados grupos específicos, como o de aposentados, mas normalmente pessoas mais velhas (acima de 25 anos) são atendidas individualmente.

O modelo de atendimento proposto para grupo conta com dois coordenadores, sendo que um deles é encarregado de anotar algumas observações, com o intuito de que seja elaborado um

O atendimento em Orientação Profissional numa instituição pública 163

relatório de atendimento. São realizadas cinco sessões ao todo, cada uma com duração média de três horas. Não se adota um roteiro predefinido de atividades, que são determinadas nas supervisões realizadas entre as sessões. O objetivo deste acompanhamento em supervisão é realizar um diagnóstico do grupo e elaborar estratégias facilitadoras, que podem ser técnicas de aquecimento, dramatização, técnicas gráficas, colagens e muitas outras, dando liberdade aos coordenadores para a utilização e a criação de outras técnicas. Essa proposta de atendimento foi desenvolvida nos anos de 1971 e 1972. Abaixo segue proposta sugerida por Carvalho (1979), a qual é adotada basicamente até hoje:

Primeira sessão: levantamento dos "porquês" das escolhas, colocação da problemática de cada um, tais como suas dúvidas, seus medos, sua falta de informação ou de opção; ao orientador cabe indicar as posições do grupo.

Segunda e terceira sessões: aprofundamento dos "porquês", de maneira que os sujeitos tomem consciência dos aspectos manifestos e latentes de sua escolha; para isso, utiliza-se de técnicas de dramatização a fim de trabalhar a imagem que os indivíduos têm da profissão desejada, as informações que possuem sobre ela e, principalmente, para a vivência de um papel futuro.

Quarta sessão: planejamento da busca de informação, para que os sujeitos entrem em contato com profissionais, estudantes, universidades, enfim, com todos os aspectos da realidade que podem interferir na sua escolha.

Quinta sessão: discussão das informações obtidas pelo grupo, em que se começa a definir o valor das várias fontes de informação e síntese do processo de grupo, quando o orientador dá ênfase à importância de aprender a escolher.

Como citado anteriormente, devido à grande procura ao Serviço de Orientação Profissional, a abordagem em grupo é a mais utilizada. Mas existem outros motivos que levam ao seu emprego, pois, no trabalho com adolescentes, que são quase a totalidade de atendidos, o grupo possibilita que se reflita sobre temas comuns a esse período, e, certamente, um deles é a escolha profissional.

164 · *A escolha profissional em questão*

Uma outra virtude dessa modalidade é o fato de que os grupos são muito heterogêneos, compostos por pessoas de classes sociais, religiões, bairros e etnias diferentes. Isso promove diversos referenciais sobre as dificuldades de escolha, o que possibilita uma visão mais integrada do mundo externo, do universo profissional.

O atendimento individual é composto por cerca de doze sessões com cinquenta minutos de duração cada, sendo os atendimentos realizados por alunos ou psicólogos do serviço. Nesta modalidade, pode-se dizer que existe um acompanhamento do processo de Orientação Profissional em que ao atendido é possível colocar questões que não apareceriam no grupo, ou não receberiam a atenção devida. No trabalho em grupo, o foco do orientador está na dinâmica do grupo, não no indivíduo, mas nas suas relações.

Todos os atendimentos realizados por alunos são supervisionados sessão a sessão, com o intuito de desenvolver o estudante para o atendimento em Orientação Profissional. A supervisão é uma técnica de ensino, que permite ao estudante tomar contato com uma nova prática. Vale lembrar que, atualmente, a única possibilidade de estágio, atendimento em grupo, no curso de Psicologia da Universidade de São Paulo, é no Serviço de Orientação Profissional.

Análise da população inscrita no ano de 1993

Ao chegar ao Serviço de Orientação Profissional, a pessoa deve preencher uma ficha, onde são requeridas informações pessoais como nome, idade, telefone, escolaridade, filiação, etc. Isso feito, ocorre a entrevista de triagem e diagnóstico, realizada por um psicólogo, que escreve um relatório sobre esta entrevista, apontando a dinâmica do sujeito, o encaminhamento a ser dado e outras informações obtidas.

Tendo como fonte de informações a ficha de inscrição, preenchida no momento de ingressar no Serviço de Orientação Profissional, e o relatório do diagnóstico inicial, foi realizado um levantamento dos dados das pessoas inscritas no ano de 1993. O objetivo foi traçar um perfil dos inscritos no serviço, e, a partir deste, apontar algumas questões sobre o motivo que levou esta população a se inscrever, refletindo sobre a adequação das abordagens utilizadas.

Grande parte das pessoas inscritas no ano de 1993 foram motivadas pela busca de um curso universitário. Um dos principais dados é a escolaridade dos inscritos, sendo a maior frequência de estudantes de terceiro ano do Ensino Médio (29,57% dos inscritos) e do segundo ano (24,34% do total). Esta elevada incidência de pessoas que estão por concluir o Ensino Médio ocorre também nas instituições privadas que atendem em Orientação Profissional, onde a frequência dessa faixa de escolaridade é ainda maior.

Existe também um percentual elevado de estudante de oitava série (16,05% do total de inscritos). Estes procuram o serviço, geralmente, motivados por uma dúvida sobre ingressar ou não em um curso técnico. O que se observa, em grande parte dos casos, é que consideram o curso técnico como uma "preparação" para a universidade, e não uma especialização em nível Médio, ou seja, estes estudantes têm uma preocupação em escolher, precocemente, um curso universitário.

Considerações finais

O dado de escolaridade dos inscritos possibilita algumas colocações. Dentre estas, pode qualificar-se o atendimento em Orientação Profissional apresentado hoje como estando associado à adolescência, particularmente à faixa etária dos catorze aos dezessete anos, na qual se concentra 67% da população pesquisada. Certamente este é um momento de escolhas, quando o grupo pressiona o adolescente em diversas áreas de sua vida, entre elas a profissional, a fim de que este faça opções (quase sempre a pressão ocorre no sentido de escolher um curso Superior).

Mas este certamente não é o único momento de escolha profissional do adolescente, pois a relação com o mundo do trabalho já é estabelecida desde muito cedo. Essa relação tampouco se encerra com esta escolha. Neste momento, inaugura-se uma nova fase, que é muito valorizada socialmente. Deve ter-se claro que, quando falamos de escolha, pressupomos um grupo que possui a possibilidade de determinadas escolhas, e certamente, no caso de optar por um curso universitário, referimo-nos a um grupo muito específico que possui acesso a esse lugar, uma classe social determinada. Neste sentido, o conceito de Orientação Profissional utilizado parece estar limitado ao trabalho com uma faixa da população muito pequena, basicamente as classes alta e média. Esta não é apenas uma característica de instituições privadas que atuam na área de Orientação Profissional, mas uma realidade de serviços públicos.

O restante da população estudada distribui-se da seguinte forma quanto à escolaridade: primeiro ano do Ensino Médio, 8,33%; Ensino Médio completo, 13,84%; Superior incompleto, 5,62%; Superior completo, 2,29%. A porcentagem de pessoas que já iniciaram ou concluíram o curso Superior é muito baixa, se compararmos os números aos elevados índices de evasão nas instituições de ensino público e privado. Pode levantar-se a hipótese de que a Orientação Profissional atenderia à população que escolhe um primeiro curso Superior. As pessoas que buscam uma reescolha parecem estar fora desta abordagem. Talvez devessem ser repensados os motivos que levam um estudante a abandonar seu curso, e como se trabalhar estas questões. Não se notou uma significativa mudança na procura por parte dos estudantes que já fizeram uma escolha e desejam repensá-la.

Outro dado obtido no levantamento foi com relação às possíveis escolhas profissionais citadas durante a entrevista de diagnóstico inicial. As profissões mais mencionadas foram: Publicidade (11,7% entre homens e 10% entre mulheres); Veterinária (5,94% entre homens e 10% entre mulheres); Medicina (9,8% entre homens e 12% entre mulheres); Direito (11,7% entre homens e 11% entre mulheres); Psicologia (1,8% entre homens e 12,5% entre mulheres). Chama atenção o fato de que todas as opções citadas são profissões de nível universitário, portanto, a possibilidade de escolha desta população parece estar circunscrita a cursos Superiores. São raros

O *atendimento em Orientação Profissional numa instituição pública*

os casos de pessoas que recorrem ao serviço que não apresentam a mesma demanda: "Que curso universitário vou seguir?"

A limitação à citação de cursos "tradicionais" por parte dos entrevistados leva a algumas hipóteses.

Possivelmente os estudantes estão mal-informados e se atêm aos cursos e às profissões mais valorizados socialmente. Aumenta ano a ano a criação de novos cursos Superiores. Muitos destes anteriormente se caracterizavam como áreas de especialização (por exemplo, Comércio Exterior, Mecatrônica). Isso ocorre possivelmente devido a uma especificação antecipada nas faculdades. O resultado é que são formados técnicos, especialistas, e não mais profissionais "generalistas".

Pode confirmar-se o desconhecimento das profissões por parte dos adolescentes baseando-se em aplicações da técnica descrita em Bohoslavsky (1975), a RO, em que as pessoas atendidas se mostram surpresas com o número de profissões universitárias existentes.

Verificou-se que 44% dos pais e 56,99% das mães ingressaram em algum curso universitário, concluindo-o ou não. Esta frequência é muito elevada se comparada à porcentagem de pessoas com curso universitário, divulgado pelo TSE em 1994, que somam 3,5 milhões de pessoas, ou cerca de 2,5% da população. Pode-se supor, a partir destes dados, que os pais possuírem curso Superior funcionaria como estímulo para que seus filhos também o fizessem. Seria interessante levantar essas informações na inscrição do vestibular. Suponho que esse parece ser um fator muito importante para mapear os motivos que levam uma pessoa a procurar uma instituição de Ensino Superior.

Observou-se no levantamento um dado referente à posição que o jovem ocupa na família, ocorrendo uma maior incidência de primogênitos na população estudada, chegando a 62,22% do total, sendo que entre homens foi de 67,65% e entre mulheres 59,5%. Pode levantar-se a hipótese, a ser testada em pesquisas futuras, que nestes casos a família não consegue conter a dúvida do adolescente, pois, principalmente entre os primogênitos, a escolha profissional mobiliza nos familiares angústias com relação a essa dificuldade. Além disso, os pais, possivelmente, não apresentam um modelo de escolha profissional que satisfaça o adolescente (entre estes a porcentagem de primogênitos é ainda maior), apresentando uma visão ultrapassada e pouco dinâmica do mercado de trabalho e das profissões.

Na escolha feita pelos filhos *não primogênitos,* pode supor-se que existe uma influência decisiva dos irmãos mais velhos, que possivelmente já efetuaram uma escolha profissional mais adequada ao seu tempo, se comparada à escolha de seus pais. Os irmãos mais velhos podem funcionar como um modelo de escolha. Além disso, possivelmente o grupo familiar possui um manejo melhor desta questão, adquirido com o(s) filho(s) anterior(es). O grupo familiar é, então, capaz de conter a dúvida e apresentar soluções.

Em relação à influência dos pais, é muito comum adolescentes que procuram o Serviço de Orientação Profissional afirmarem que seus pais não os influenciam na escolha, mas queixam-se dessa postura, pois gostariam que estes lhes dessem uma "opinião". Existe uma queixa quanto à omissão dos pais nesse momento, que pode ser estendida à escola.

Alternativas à Orientação Profissional

O curso Superior sempre foi um caminho à elevação do nível socioeconômico. Nos anos 1960 e 1970 houve uma desregrada expansão de cursos universitários no Brasil, como cita Liomar Quinto Andrade (1985): "Podemos dizer que a partir de 1968 o ensino sofre uma expansão desregrada, caótica, desordenada e vertiginosa, com consequências múltiplas de degradação em diferentes situações [...]"

O sonho do curso Superior passou a ser "democratizado"; com a fundação de faculdades particulares, o acesso tornou-se mais fácil, diminuindo a seletividade no ingresso, mas a concretização do sonho também tinha um preço, e muito elevado. Este período é de apologia aos cursos universitários.

O que se vê hoje é que as pessoas ainda procuram cursos Superiores, mas existe um questionamento sobre esta ser a única opção. Os adolescentes citam, frequentemente, nos atendimentos em grupo ou individual, que o curso Superior não é mais uma forma de elevar o *status*, mas sim de mantê-lo. Outros adolescentes chegam a questionar se o curso universitário é realmente a melhor opção; muitos afirmam pensar em trabalhar fora do país, ou "montar um negócio", atuando como autônomos. O *modelo universitário* parece estar esgotando-se, não é mais a única via, não sendo também um caminho que garanta por si só a ascensão social.

Historicamente, o campo de Orientação Profissional atende a adolescentes que procuram um curso Superior. Quase todas as técnicas desenvolvidas hoje são elaboradas tendo como alvo os adolescentes (70,03% das pessoas pesquisadas tinham de treze a dezessete anos). Mas a realidade desta população parece estar mudando, sendo de grande interesse estudar novas abordagens que atendam a estas mudanças e a esta nova estrutura que se está delineando.

Dentro do Serviço de Orientação Profissional do Instituto de Psicologia da Universidade de São Paulo, começam a ser traçadas novas estratégias para trabalhos na área. É cada vez mais frequente o pedido, por parte de escolas públicas e privadas, de palestras, de trabalhos na periferia com população carente, que raramente chega ao serviço, de atendimento em cursinhos preparatórios para o vestibular, além de uma série de outros trabalhos, muitos dos quais citados no texto de Maria da Conceição Coropos Uvaldo, neste mesmo livro.

Acredito que novas áreas de atuação em Orientação Profissional estão surgindo, mas é necessário o desenvolvimento de novas estratégias para se atender outras populações, pois pode cometer-se um grande equívoco utilizando o mesmo aparato para atender a uma gama tão variada de problemas.

Referências

ANDRADE, L. Q. *Identidade profissional:* caminhos – uma experiência metodológica na escola-empresa. Dissertação (mestrado). Instituto de Psicologia da USP, São Paulo, 1995.

BOHOSLAVSKY, R. *Orientação Vocacional* – A Estratégia Clínica. São Paulo: Martins Fontes, 1977.

_____. *Lo Vocacional Teoria, Técnica e Ideologia.* Buenos Aires: Busqueta, 1975.

CARVALHO, M. M. M. J. *Orientação Profissional em dinâmica em grupo.* Tese (Doutoramento) – Instituto de Psicologia da USP, São Paulo, 1979.

LEHMAN, Y. P. *Aspectos afetivos e cognitivos na Orientação Profissional de adolescentes.* Dissertação (Mestrado) – Instituto de Psicologia da USP, São Paulo, 1980.

_____. *Aquisição da identidade vocacional em uma sociedade em crise.* Dois momentos na escolha da profissão liberal. Tese (Doutoramento) – Instituto de Psicologia da USP, São Paulo, 1988.

SUPER, D. E.; BOHN, M. J. J. *Psicologia ocupacional.* São Paulo: Atlas, 1980.

A Orientação Vocacional na universidade

Laura Marisa Carnielo Calejon[1]

As identidades conceitual e profissional no campo da Orientação Vocacional ou Profissional mostram-se confusas em função da diversidade de práticas adotadas e de profissionais que atuam no campo. Da escola à clínica, encontramos profissionais envolvidos com as tarefas de "orientar", "ajudar" pessoas a fazerem escolhas profissionais, tomar decisões relativas a carreiras, cursos, ocupações que lhes permitam o autossustento, a realização pessoal e também o assumir tarefas da vida adulta. As questões relacionadas ao tema são complexas e envolvem questionamentos mais profundos, desde os fundamentos teóricos das diferentes práticas, até os objetivos visados e ideologias subjacentes. Uma questão imediata, decorrente dessa complexidade, está na reflexão sobre o que é "escolher", quando e a quem afinal é dada essa possibilidade. O título dado ao capítulo indica que não é este o caminho pretendido pela autora. Permanecendo na aparência e nos dados encontrados a partir da atuação, este capítulo tem como objetivo refletir sobre a trajetória da Orientação Vocacional em um Serviço de Orientação Psicopedagógica (SOPP) oferecido a universitários.

O Serviço de Orientação Psicopedagógica (SOPP) surgiu nas Faculdades São Marcos em 1984, como resposta a uma demanda específica de alunos do curso de Psicologia, angustiados pelas exigências, pelas atividades e pelos novos conhecimentos oferecidos pela vida acadêmica[2]. O funcionamento do setor, a organização da

---

[1] Participante da equipe do SOPP, no período de 1984 a 1989. Coordenadora da equipe no período de 1991 a 1994. Coordenadora de grupos de OV de 1984 a 1994.

[2] A questão vem sendo explorada pela autora em sua pesquisa de doutorado desenvolvida no Instituto de Psicologia da USP, na área de Psicologia Escolar.

equipe, os resultados obtidos refletem, além do efeito dos procedimentos adotados, o contexto institucional em que o serviço se insere. Para melhor compreensão destas relações, seria necessário outro ensaio que apresentasse dados suficientes à reflexão. Como o objetivo central do capítulo pode ser tratado sem a análise exaustiva da questão anterior, torna-se possível adiar o ensaio proposto.

A ansiedade mobilizada nos alunos pelas exigências acadêmicas era tratada inicialmente no contato com o professor. Resultavam, deste manejo, interrupções no intervalo de aula, durante uma discussão organizada na aula ou durante exposição feita pelo professor, com desvio inevitável do conteúdo e da direção propostos.

A relação pedagógica, muitas vezes, não se mostrava um contexto adequado para o manejo da ansiedade apresentada. A demanda dos alunos coincidia com a preocupação dos professores. Tal convergência, aliada à sensibilidade da direção e da coordenação de curso, na ocasião, possibilitou que uma equipe de professores organizasse uma proposta de intervenção[3]. No período de 1991 a 1994, a proposta sofreu alterações que não modificavam a sua essência, e a equipe foi coordenada pela autora deste capítulo.

Hoirisch, Barros e Souza (1993) descrevem um Programa de Orientação Psicopedagógica e Profissional (POPPE), desenvolvido na Universidade Federal do Rio de Janeiro (UFRJ), na Faculdade de Medicina, semelhante, em muitos aspectos, ao SOPP. O caráter preventivo dado ao programa, a preocupação com o desenvolvimento do aluno como pessoa integral, com a possibilidade do educando atualizar e expandir seus recursos pessoais, são características reveladas tanto pelo POPPE quanto pelo SOPP.

Simon, trabalhando durante quinze anos na Escola Paulista de Medicina, no setor de Medicina Preventiva, aponta a possibilidade e a importância de intervenções preventivas que auxiliem o aluno no seu processo de construção de conhecimento e no

---

[3] Não seria possível arrolar neste espaço nome dos participantes e colaboradores do projeto inicial.

A *Orientação Vocacional na universidade* 173

desenvolvimento de sua identidade profissional e pessoal. Do trabalho do mencionado autor, resultaram cursos de pós-graduação e uma contribuição significativa, conhecida como EDAO (Escala Diagnóstico Adaptativa Operacionalizada), que facilita, como demonstra o autor, ações no campo da prevenção[4].

O SOPP resultava das demandas oriundas das dificuldades adaptativas vividas pelos alunos do curso de Psicologia. Outros eixos e temáticas foram incluídos no projeto inicial pela equipe que o elaborou. As dificuldades dos alunos mostravam-se relacionadas com dificuldades de compreensão do texto lido e da produção do texto escrito. Os hábitos de estudo e leitura desenvolvidos pela escolaridade anterior não eram suficientes, em muitos casos, para atender às exigências da vida acadêmica. A escolha profissional era apontada, por parte da equipe, como variável relevante no desempenho acadêmico.

Muitos alunos faziam sua opção no vestibular sem conhecimento suficiente sobre o curso escolhido, sobre o campo profissional relacionado a ele, sobre motivações e características pessoais relacionadas com a escolha. Dessa forma, o projeto inicial do SOPP estava constituído por três grandes áreas designadas como Orientação de Estudos, Orientação Vocacional e Orientação Psicológica. A implantação e desenvolvimento do projeto inicial foi evidenciando que a divisão nesses grandes blocos representava principalmente o ponto de vista dos componentes da equipe e a necessidade de encontrar alguma ordem em uma realidade tão complexa.

As três áreas propostas inicialmente não eram tão distintas, e uma reflexão mais aprofundada permitiu estabelecer articulações significativas. Esta reflexão também ultrapassa os limites deste capítulo.

Como sugere o título, o objetivo do capítulo é refletir sobre a trajetória da Orientação Vocacional do SOPP, analisando dados

---

[4] "Prevenção de distúrbios mentais" e "Psicoterapia nas crises adaptativas como técnicas de prevenção de distúrbios mentais para universitários" eram disciplinas ministradas pelo Prof. R. Simon.

174   *A escolha profissional em questão*

encontrados na prática e conceitos teóricos úteis para a compreensão do processo. Os dados relativos ao surgimento e ao funcionamento do SOPP constituem pano de fundo com intuito de facilitar a compreensão do leitor.

A escolha de uma profissão é tarefa típica da adolescência. Erikson (1976) estabelece a construção da identidade pessoal ou identidade do ego como a principal tarefa evolutiva do ser humano; segundo o autor, a responsabilidade das gerações mais velhas está em fornecer um conjunto de ideais poderosos e convenientes, ainda que sirvam apenas para que o jovem possa rebelar-se.

Na sua trajetória evolutiva, o ser humano passa por crises psicossociais, chamadas por Erikson de "as oito idades do homem". A crise normativa da identidade é a da adolescência, designada como "identidade *versus* confusão de papéis". Representa um momento de síntese, de transformação de identificações em identidade. É precedida pelas crises de "confiança x desconfiança básica", "autonomia x vergonha e dúvida", "iniciativa x culpa", "indústria x inferioridade" e antecede as crises de "intimidade x isolamento", "generatividade x estagnação", "integridade x desesperança".

A resolução da crise de identidade x confusão de papéis depende da solução encontrada nas crises anteriores e possibilita ou determina a qualidade da solução das crises seguintes. As crises de "intimidade x isolamento", "generatividade x estagnação" possibilitam a vida adulta, constituindo garantia para a geração seguinte.

Como afirma Erikson (1976), com o estabelecimento de uma boa relação com o mundo das habilidades e com o advento da puberdade, a infância termina.

"Em sua busca por um novo sentido de continuidade e coerência, os adolescentes têm que voltar a travar muitas batalhas dos anos anteriores [...] Estão sempre dispostos a instituir ídolos e ideais duradouros como guardiães de uma identidade final" (ERIKSON, 1976). O sentimento de identidade do ego, segundo Erikson (1976), é a segurança acumulada de que a continuidade e coerência anteriores sejam equivalentes à coerência e à continuidade do próprio significado para os outros, tal como ocorre nas possibilidades de uma carreira. Esse sentimento resulta da capacidade do ego para integrar as identificações anteriores, como as vicissitudes da libido, com os dotes naturais e as oportunidades oferecidas pelo contexto social.

A identidade configura-se em três dimensões básicas: sexual, profissional e ideológica. A segurança do papel sexual assumido permitirá ao jovem enfrentar as crises de intimidade e de generatividade.

Uma outra dimensão relevante é a profissional. A realização profissional capacita o indivíduo como membro ativo e produtivo no grupo social, coparticipante na construção de bens e capaz de sustentar seus dependentes. A intimidade realizada na genitalidade conduz à generatividade, que não se limita à capacidade orgástica, encontrando sua melhor tradução na fórmula aparentemente simples de Freud para definir o que uma pessoa normal seria capaz de fazer satisfatoriamente: amar e trabalhar. A intimidade produz dependentes que precisam ser guiados e sustentados. A generatividade é a preocupação em firmar e guiar as novas gerações, abrangendo a produtividade e a criatividade.

Joseph Marcia, mencionado por Fiori (1982), define quatro posicionamentos básicos assumidos pelos adolescentes na construção da identidade:

a) o moratório caracteriza o adolescente inicial, que está na crise sem ter efetuado engajamento;
b) o aquisidor, que pode enfrentar, questionar suas opções e seguir sereno do que quer;
c) o impedido, que se caracteriza por ter feito engajamento sem passar por questionamentos e dúvidas em relação às possibilidades de opção;
d) o difuso, aquele que não passou pela crise, não se engajou e importa-se apenas em viver o momento.

Casullo (1994) considera a identidade ocupacional como autopercepção em relação à possível inserção do sujeito na "cultura do trabalho".

A elaboração e a consolidação de uma identidade ocupacional permitem a construção de um projeto de vida que possibilita antecipar situações geralmente colocadas como "eu gostaria de ser" ou "eu gostaria de fazer."

A construção e a elaboração de um projeto de vida fazem parte do processo de maturidades afetiva e intelectual, e, dessa forma, relacionam-se com o "aprender a crescer" (CASULLO, 1994).

A arte de crescer representa a possibilidade de o sujeito cumprir quatro tarefas básicas:

a - orientar suas ações em função de determinados valores. Viver é um empreendimento ético;

b - atuar com responsabilidade: ser capaz de assumir consequências das próprias decisões e reconhecer que existem outros com quem convivemos;

c - desenvolver atitudes de respeito: aceitar diferenças individuais, admitir erros e aceitar críticas;

d - adquirir conhecimentos sobre: interesses, aptidões, recursos pessoais e econômicos do próprio sujeito; possibilidades e expectativas do núcleo familiar; consciência das realidades social, econômica, cultural e política em que o sujeito vive.

Os conceitos desenvolvidos por Erikson, Marcia e Casullo permitem avaliar a importância da Orientação Vocacional e da ajuda oferecida aos jovens no sentido de construir sua identidade ocupacional, realizar escolhas profissionais, questionar possibilidades, reconhecer recursos pessoais, econômicos, identificar expectativas dos grupos familiar e social.

O projeto de vida relaciona-se com a identidade ocupacional, e esta, por sua vez, com a identidade pessoal do sujeito, como demonstrado por Erikson. A escola e a família são agentes de socialização que permitem uma solução mais ou menos satisfatória das crises psicossociais que correspondem à infância e à

A Orientação Vocacional na universidade 177

juventude. Essas agências, entretanto, muitas vezes não cumprem satisfatoriamente o seu papel.

O projeto inicial do SOPP, ao estruturar a Orientação Vocacional, apontava a informação precária que o aluno tinha sobre seus recursos pessoais, sobre a profissão que ele pretendia seguir em função do curso escolhido. As ações desenvolvidas nesta área (Anexo 1) envolviam, em 1984 e 1985, os professores e pretendiam, por meio destes, ampliar a informação do aluno sobre o mercado de trabalho e sobre o cotidiano profissional.

A análise das ações descritas nos relatórios demonstra um crescimento do atendimento a grupos de alunos, com redução da participação de professores. Os alunos que participavam dos grupos eram oriundos de vários cursos, e o número de encontros variou de seis a oito. De um modo geral, os alunos relatavam que o processo permitia ampliar sua compreensão sobre as motivações relacionadas com a escolha profissional. Entrevistas realizadas com profissionais de diferentes áreas permitiam ao aluno ampliar seu conhecimento sobre o mercado de trabalho, desfazendo preconceitos. A autopercepção e a percepção do outro eram ampliadas pelo processo grupal, assim como a percepção da responsabilidade pessoal em relação à escolha profissional.

Considerando os resultados obtidos na área de OV (Anexo 1) e os conceitos teóricos apresentados, verificamos que o processo facilitou a construção da identidade ocupacional do aluno e do seu projeto de vida. Os resultados indicavam maior percepção da própria responsabilidade em relação à escolha, maior contato com os recursos pessoais e o mundo da profissão. O grupo oferecia aos alunos a possibilidade de questionarem possibilidades, fazendo engajamentos e escolhas conforme o modelo moratório e aquisidor de Marcia.

A designação Orientação Vocacional, entretanto, enfatiza ainda o momento da escolha profissional. Os alunos que frequentavam os grupos já haviam feito suas escolhas, e não foi observada nenhuma mudança nestas após o processo de orientação. Conclui-se que, tão importante quanto levar o aluno a reconhecer sua motivação inconsciente relacionada com a escolha, é oferecer-lhe a oportunidade de construir e viabilizar um projeto profissional que garantisse a aquisição da identidade ocupacional e a construção de um projeto de vida. As ações desenvolvidas pelo SOPP, na avaliação dos alunos (Anexo 1), enfatizavam a escolha, atuando em variáveis relevantes do processo. Mobilizavam também expectativas do aluno em relação ao futuro profissional. O processo destacava o "antes" e "depois" do ingresso na universidade. As vivências da vida acadêmica e sua relação com a construção da identidade profissional eram pouco exploradas.

O processo de orientação deve permitir que os posicionamentos "moratório" e "aquisidor" se realizem, questionando os posicionamentos "impedidos" e "difusos". Deve levar o aluno a retirar das experiências da vida acadêmica elementos para construção de um projeto profissional ancorado em um projeto de vida que permita a aquisição de identidade ocupacional. Ao "antes" e "depois", acrescenta-se o "durante".

Referências

CASULLO M. M. et al. *Projecto de Vida y Decision Vocacional.* Buenos Aires: Paidós, 1994.

ERIKSON E. *Infância e sociedade.* Rio de Janeiro: Zahar, 1976.

_____. *Identidade, juventude e crise.* Rio de Janeiro: Zahar, 1972.

FIORI, R.W. Desenvolvimento emocional. In: RAPPAPORT, C. R. (Org.). *Psicologia do desenvolvimento:* A idade escolar e a adolescência. v. 4. São Paulo: EPU, 1982.

RAPPAPORT C. R. et al. *Psicologia do desenvolvimento.* v. 4. São Paulo: EPU, 1982.

SIMON, R. *Psicologia clínica preventiva*: novos fundamentos. São Paulo: EPU, 1989.

ANEXO 1 – Descrição das ações desenvolvidas pelo SOPP na área de Orientação Vocacional, no período de 1984 a 1994, organizada a partir de dados encontrados em relatórios da equipe.

Ações					
		Características das ações propostas			
Período	Objetivos	Sujeitos	Características do Processo	Resultados	
1984 (2° sem.)	– Sensibilizar os professores para que estes participem dos processos de O.V. – Assistir os alunos em seus momentos de dificuldade quanto às escolhas profissionais.	Professores e alunos, inicialmente do curso de Psicologia. Em 1985 e 1986, as atividades de Orientação Vocacional foram oferecidas a alunos de outros cursos.	Foi planejado um trabalho, considerado indireto, de Orientação Vocacional realizado pelo professor. A proposta envolvia professores do sexto, sétimo e oitavo semestres do curso de Psicologia (envolvidos em 1984), e mais professores do quarto, quinto e sexto semestres do mesmo curso.	Em 1984 foram realizadas quatro reuniões com professores do sexto, sétimo e oitavo semestres do curso de Psicologia. A frequência foi irregular. Os professores reconheciam a importância de oferecer por meio das aulas exemplos de atuação de psicólogo nos diferentes contextos (escola, clínica, empresa).	

A Orientação Vocacional na universidade

1985 (1° e 2° sem.)	– Promover atividades de Orientação Vocacional no início e final do ciclo básico de formação e nos semestres que se fizerem necessários.	Foram propostas três reuniões durante o semestre com os professores. Uma outra atividade, considerada "trabalho direto", foi planejada com o grupo de alunos. O processo era constituído por seis sessões de duas horas, com um coordenador e um observador.	A integração das disciplinas era apontada como um caminho para a compreensão mais realista do exercício do futuro profissional. Foram planejadas palestras sobre as diferentes áreas de atuação do psicólogo, como forma de ampliar a informação. As reuniões eram percebidas pelos professores como espaços relevantes de troca, que permitiam sair do isolamento. A oportunidade dada pela instituição era valorizada pelo grupo de professores. No trabalho direto com os alunos, foram realizados dois grupos. Os alunos indicavam maior compreensão dos fatores relacionados à escolha profissional.

| 1986/1989 | – Assistir os alunos em seus momentos de dificuldade, quanto à escolha profissional.
– Proporcionar aos alunos interessados uma vivência do processo de OV em grupo. | Alunos dos cursos de Psicologia, Pedagogia, Ciências e Estudos Sociais e Letras. | Divulgação da proposta nos diferentes cursos. Organização dos alunos interessados em grupos. O processo foi constituído de seis a sete sessões. As estratégias adotadas envolviam a percepção do aluno sobre suas características, a motivação relacionada à escolha profissional e a ampliação da informação e do conhecimento sobre o universo do trabalho. | Os alunos avaliavam como positiva a possibilidade de trocas com colegas de outros cursos e de pensar e falar sobre suas dúvidas e dificuldades relacionadas ao curso e à futura profissão. Alguns alunos assinalaram a contribuição do processo para compreender melhor suas motivações relacionadas à escolha profissional, seu funcionamento mental, sentindo-se responsáveis pela escolha. As informações sobre o universo do trabalho e sobre o curso foram valorizadas pelo grupo de alunos atendidos. |

A Orientação Vocacional na universidade

1992 - 1993 (o setor é reativado em final de 1991, após a paralisação em dezembro de 1989.	– Refletir sobre a escolha profissional feita, as possibilidades do mercado de trabalho. – Ampliar o conhecimento das possibilidades oferecidas pelo próprio curso e o autoconhecimento. – Possibilitar a vivência do processo aos alunos interessados.	Alunos dos cursos de Psicologia, Pedagogia, Letras, Ciências e Estudos Sociais.	O processo adotado no grupo era o mesmo usado no período de 1986 a 1989 e descrito anteriormente.	Os resultados observados nesse período eram muito semelhantes aos observados no período de 1986 a 1989. A equipe de coordenadores procurava entender o fenômeno da evasão nos grupos.
1994	– A atividades passou a ser designada por Orientação de Projeto Profissional, visando a levar o aluno a refletir sobre a profissão escolhida, as alternativas de carreira e a elaboração de projetos profissionais. – Foram organizadas atividades relacionadas com informações profissionais.	Alunos dos diferentes cursos da Instituição. Alunos do ensino médio.	Os grupos foram formados com alunos inscritos no setor após a divulgação das atividades. As estratégias usadas permitiam autoconhecimento, ampliar o conhecimento sobre o universo do trabalho e refletir sobre os subsídios oferecidos pelo curso no sentido de construir, clarificar e viabilizar projetos profissionais.	Os alunos inscritos nesta atividade eram predominantemente do curso de Psicologia e do oitavo semestre, período em que o aluno do curso de Psicologia faz opção por uma área de estágios de formação. O processo vivido no grupo foi percebido pelo aluno como facilitador da opção pelo estágio, permitindo a construção de projetos profissionais mais consistentes, com reflexo no desempenho acadêmico.

Identidade profissional – Uma experiência metodológica na escola-empresa

Liomar Quinto de Andrade[1]

Este artigo apresenta uma pequena reflexão sobre o desenvolvimento da identidade profissional na seguinte experiência de trabalho: 1) na disciplina de Orientação Vocacional, ministrada no quinto ano do curso de Psicologia, como professor-supervisor; 2) em cursos de especialização de formação de orientadores profissionais; 3) na prática de orientador profissional. A partir desta visão e vivência de como é facilitada a formação da identidade ocupacional ou profissional, o processo de ensinar, de aprender, de escolher revela uma visão de homem, uma maneira de ser.

Apresentação

Em 1976, fui convidado a implantar um curso de Orientação Profissional em uma faculdade particular, uma escola-empresa, onde as áreas de seleção, treinamento e orientação profissional, como era costume na época, eram ainda reunidas em uma única disciplina. Naquele momento, foi muito importante conseguir fazer a direção da escola, os corpos docente e discente entenderem a importância de estes campos de trabalho terem orientações e objetivos diferentes (em anos subsequentes, 1977, 1978, trabalhei e implantei esta disciplina em outras escolas-empresas).

---

[1] Mestre em Orientação Profissional e doutor em Terapias Expressivas pelo Instituto de Psicologia da USP. Professor universitário. Psicoterapeuta e orientador profissional.

186 *A escolha profissional em questão*

Esta maneira de ser profissional, esta identidade de profissional, de orientador e de supervisor que sintetizo no curso, é o produto de três vertentes de influência em minha formação acadêmica, na minha vida profissional em diversas instituições, somadas à de consultório[2].

Em primeiro lugar está a própria formação em orientação profissional no Instituto de Psicologia da Universidade de São Paulo, onde também trabalhei como monitor voluntário em atendimentos individuais e de grupo no Departamento de psicologia social e do trabalho. Neste instituto, a teoria desenvolvida e o autor adotado como referência na época (Rodolfo Bohoslavsky) eram resultantes da psicanálise inglesa, da dinâmica de grupo (Kurt Lewin), da psicologia social, acrescidos de um engajamento político numa realidade latino-americana. Essa perspectiva foi revista e reinterpretada a partir das necessidades impostas pelas realidades do ensino em escolas-empresas, apoiadas teoricamente em autores que subsidiavam possíveis compreensões institucionais enquanto práticas de grupos operativos[3].

Outro fator importante na minha formação foi a orientação de psicologia de grupo numa abordagem sistêmica, que envolveu

---

[2] Atualmente, vinte anos depois, é necessário novamente repensar como trabalhar nestes diferentes campos com uma postura mais integradora, pois as necessidades e realidades das duas áreas mudaram. Tanto as áreas de treinamento e seleção precisaram ter uma ampliação nas formas de atuação, como em orientação profissional deve pensar-se em um campo mais abrangente de atividades humanas. Além do clássico trabalho de escolha de cursos no Ensino Médio e Superior, o orientador profissional deve trabalhar em reorientação de carreiras em empresas, processos de aposentadoria e mudanças de empregos, readaptação à vida profissional por motivos de doença, acidentes ou mudanças da sociedade etc. Precisamos agora reintegrar os campos com as devidas contribuições e desenvolvimentos mútuos.

[3] Na USP, Orientação e Seleção Profissional até 1968 era uma disciplina única. Maria Margarida M. J. de Carvalho separou-as e iniciou a Orientação Profissional com dinâmicas de grupo. Trouxe Rodolfo Bohoslavsky, da Argentina, para dar cursos no IPUSP, com o apoio da progressista direção do Instituto de Psicologia por Dante Moreira Leite. Assim, foi desenvolvido o método de Orientação Vocacional, dentro de uma estratégia clínica, R.B-teoria e prática de atendimento individual, conjugado aos métodos de trabalho de grupo desenvolvidos por M. M. M. J. C. Rodolfo Bohoslavsky também trabalhou aqui no Brasil em consultórios particulares com grupos denominados "Laboratórios de Relações Humanas" e em outras instituições de ensino, em São Paulo e no Rio de Janeiro.

Identidade profissional 187

Gestalt, dinâmica de grupo e teoria de campo, apesar da diversidade de suas origens, ligações e influências.

Uma terceira influência determinante, que permeia o contato com o aluno estagiário e o orientando, foi a pedagogia centrada no aluno e a abordagem centrada no cliente, de influência rogeriana. Hoje acrescento, também, todos os estudos teóricos e as experiências práticas em Terapias Expressivas.

Não me aterei às divergências e às polêmicas de ordem filosófico-epistemológica que essas abordagens encerram entre si, apenas confesso o denominador comum: produto surgido das necessidades pedagógicas, acadêmicas, sociais, institucionais, político-econômicas e dos conflitos pessoais que me permitiram integrar conceitos e teorias de orientação vocacional dentro de uma estratégia clínica, com conceitos e teorias de grupo, atendimento individual, técnicas de entrevista, diferentes abordagens em terapias expressivas e uma compreensão de educação no Brasil que me ajudou a criar, desenvolver, sustentar e validar uma prática diária de psicologia.

Para Rosenberg (1977, p. 1), "Mais importante aqui do que o brilho científico, o método inovador ou o esquema teórico perfeito é o ser humano, que tantas vezes os sistemas conceituais e as instituições sociais menosprezam, manipulam, reificam."

Acredito que esse ser humano é que deve ser facilitado em contato com a vida, com os alunos-estagiários, com os clientes, com a orientação deste trabalho e a tentativa de, constantemente, vivê--lo, pensá-lo, descrevê-lo e criticá-lo.

Vivo, ao longo do mesmo, a angústia, o prazer e a dor de tentar fixar essa realidade sempre móvel e mutante, cuja tentativa de comunicação com o outro revela uma possível consolação para uma irremediável condição humana solitária.

Enfoque teórico

Compreendo o ser humano inserido em um contexto bio-psicossocial, sobredeterminado pelas condições históricas, culturais, políticas e econômicas, e que, para se desenvolver enquanto ser "livre", requer circunstâncias não demasiadamente ameaçadoras, com necessidades a serem supridas e dificuldades a serem transpostas. Entendo essas afirmações, situando o homem em uma relação dialética com o mundo, isto é, ele modifica e é modificado pelo meio que o circunda. Acredito que o ser humano no mundo pode desenvolver-se, gradual e naturalmente, quando se percebe interiormente, por meio de um processo de observação e reflexão de si mesmo. Esse é o pressuposto básico de qualquer psicoterapia, em orientação profissional também, se entendida como uma terapia breve e focal.

Segundo Bugental:

> A verdadeira liberdade não consiste, em meu entender, em algo fortuito e aleatório, assim como não é sinônimo de licença para que alguém faça o que bem lhe apeteça no momento. A liberdade que sinto ser o nosso direito humano de nascença consiste no potencial de mudança e crescimento, assim como na capacidade de nossa intencionalidade para, em certa medida, guiar a direção o montante desse crescimento. (Greening, 1975, p. 101)

Essa transformação se dá de forma gradual, porém não linear. Assim, a partir de situações que colocam o ser humano frente a um problema a ser solucionado, em função de uma necessidade, este se remodela interiormente para voltar a atuar na prática, o que dá condições ao crescimento pessoal, permeando-o.

O crescimento pessoal fundamenta-se neste fluir da percepção, da compreensão e da atenção entre fenômenos internos ao organismo e às variações do meio externo, privilegiando o contato entre eles, a transformação e as alterações destes fenômenos. Nesse interjogo de forças, pode compreender-se o homem e o seu crescimento enquanto ser livre, não uma liberdade no absoluto, desvinculada, mas sim aquela advinda das práticas das inter-relações humanas e ambientais.

Identidade profissional 189

Esse crescimento não pode ter a conotação de melhoria ou progresso no sentido mais pragmático positivista do termo, nem um cunho alienado politicamente, menos ainda uma visão maniqueísta de bem e mal. Deve permitir um sentido de mudança, evolução natural, o prosseguir cósmico amplamente entendido. Gradualmente, enquanto ser humano limitado, apercebe-se desse constante vir a ser. No exercício de orientador profissional e de formador de orientadores profissionais, esses aspectos amplos e importantes precisam estar postos como denotadores de uma visão de homem.

Nessa direção, é essencial buscar uma compreensão do outro por meio de um enfoque em que o ser humano é o centro da atenção: compreender o ser humano enquanto tal, sem torná-lo um objeto de estudo desumanizado, mantendo uma consciência de que somos o nosso próprio objeto de estudo. A identidade profissional que o orientador profissional procura facilitar em seu cliente durante o processo de atendimento é alguma coisa que ele próprio, orientador profissional, está permanentemente obrigado a refazer.

Conforme afirma Mello (1972, p. 144),

> Orientar a mudança dos rumos da profissão, no sentido de torná--los mais compatíveis com o conteúdo essencialmente social das técnicas psicológicas, é uma tarefa que diz respeito à vontade esclarecida e ao esforço dos profissionais e dos que estão empenhados na formação dos futuros profissionais. Renovar a prática da psicologia, *a começar pela formação que os professores recebem, não é uma tarefa simples, mas é sem dúvida uma tarefa urgente.*

Certamente não é simples, contudo era tão urgente em 1972, como o era em 1985, quando este assunto foi estudo da dissertação de mestrado, tanto quanto é de suma importância agora, dez anos depois, em 1995, devido a uma necessidade nacional de realinhar-se ao movimento mundial.

A assertiva de que esta condição humana de se relacionar consigo e com o mundo é o que permite ao homem a empatia com o outro, favorece o estudar, o compreender a si e ao mundo, em busca do crescimento e do aperfeiçoamento do ser. Essa posição, quando vivida, exige do profissional uma profunda entrega ao seu trabalho e, se norteado por essas concepções ideológicas, respeita o ser humano, luta pelo seu desenvolvimento sem proselitismo.

Escola-empresa
Educação no Brasil
Orientação Vocacional

Esses três temas estão ligados em primeiro lugar em função de grande parte do meu trabalho desenrolar-se em escolas-empresas. Além disso, o trabalho do orientador profissional ou ocupacional está inserido em um contexto social e lida com o processo educacional da nação em diversos níveis. Necessita-se compreender aqui esta ligação, não somente com a pessoa que está inserida nos possíveis lugares educacionais escolares normais, porém também na orientação profissional ou ocupacional dos que não estão inseridos nos chamados processos regulares: aqueles que são "educados", "formados" nas situações de vida, gradualmente, mais à margem da reconhecida educação convencional.

Para tanto, preciso resumidamente descrever como compreendo o processo de educação no Brasil, para mostrar o cenário onde se desenrola o curso de orientação vocacional e, em âmbito mais geral, o trabalho do orientador profissional/ocupacional. Assim, podem-se entender algumas das sobredeterminações da metodologia do profissional na escola-empresa, enquanto instituição. A escola-empresa é aquela instituição de ensino que, além de particular, pauta todos os critérios de matérias, assuntos, disciplinas, em termos de tempo e de conteúdo, números de alunos por sala, número de professores etc., sempre em função de um orçamento e visando sempre, em primeiro lugar, ao lucro comercial. Isso quase sempre significa deixar em segundo plano a qualidade de ensino e, portanto, a formação do aluno, as condições

Identidade profissional 191

de trabalho dos professores (em geral horistas), o desenvolvimento da pesquisa e do conhecimento como um todo.

Ora, a Educação não pode ser entendida desvinculada de interesses econômicos e políticos. Dessa forma, a escola é, enquanto instrumento de socialização secundária, um veículo de transmissão dos valores ideológicos da classe dominante. É importante ressaltar uma dinâmica de influências: tanto o indivíduo como a sociedade estão em um contexto de constantes mudanças, fruto de uma relação de contribuições de ambos. Segundo Althusser, a escola é caracterizada como um aparelho ideológico do Estado; Freitag (1980, p. 9) define ideologia como:

> Um conjunto de ideias, representações e valores que preenchem uma função de coesão social... Não consideramos a ideologia apenas um repertório semântico, mas também uma grade epistemológica. Mais que um conjunto de ideias já estruturadas, é um filtro que condiciona a capacidade de estabelecer conexões, de utilizar categorias lógicas, de realizar determinadas operações de abstração e generalização.

Cabe aqui comentar que esta atuação da escola se torna dúbia, pois educa o indivíduo segundo as normas do sistema, mas, ao mesmo tempo, sem intencionar, abre espaço, ao educar, para a discussão, apreciação, pesquisa, experimentação, observação e questionamento desse mesmo sistema.

Mesmo em um Estado autoritário, onde o aparelho repressor censura a comunicação em diversos níveis, tentando impedir a inovação para conservar o *status quo,* não é possível imobilizar um país, um povo, uma nação. Apenas é conseguido um retardamento no jogo de forças, que passam para um plano mais subterrâneo, mas os "diálogos" continuam.

Sempre existirá um diálogo entre o senhor e o escravo, também entendido de uma forma dinâmica, em que o senhor e o escravo são senhores e escravos de si e do outro, englobados em um sistema maior. Poderíamos falar de diversas intersecções sistêmicas, tanto de uma vertente que engloba o político, o sociológico, o econômico,

192   *A escolha profissional em questão*

quanto de uma outra, em que se cruzam o individual, o psicológico, enquanto expressão cultural-antropológica, e o interjogo consciente-inconsciente.

Aspecto histórico

Baseados, sobretudo, em Bárbara Freitag, poderíamos resumir o período de colonização, passando pelo Brasil Império às primeiras Repúblicas. O quadro educacional desenvolveu-se segundo padrões de colégios religiosos (aqui convém lembrar que o propósito deste estudo não é o aprofundar a temática da Educação nesses períodos, e sim procurar uma compreensão dela, mais recentemente).

Com a crise de 1929, a diminuição da importação de produtos de consumo, o consequente incentivo à indústria nacional e à formação de uma nova burguesia urbano-industrial, a classe hegemônica dos latifundiários é forçada a dividir o poder com a classe burguesa emergente, processando-se uma reorganização da escola em função da ideologia política.

É criado o primeiro Ministério da Educação em 1930, no governo Getúlio Vargas, que pouco a pouco vai tomando o poder. Assim, as instituições políticas vão invadindo as instituições civis. É percebida a importância da educação, e o governo se apropria dela, instituindo o ensino gratuito. Com o Estado Novo (1937), de tendência nazifascista, conforme influência do bloco Ocidental, Europa e Américas, a diretriz educacional era formar "um exército de trabalhadores para o bem da Nação", expressão que revela a moderna juventude que a escola formaria.

No período de 1930-1945, com o fortalecimento das instituições sociais e políticas, dá-se uma importância aos aparelhos jurídicos e repressivos do Estado, os quais são mediadores do processo econômico e da política cafeeira, e ocorre a implantação das escolas para os filhos dos barões do café: Medicina, Engenharia e Direito.

Com a crise econômica internacional que gerou a Segunda Guerra Mundial, desencadeou-se um processo de mudanças na

Identidade profissional   193

filosofia da política educacional brasileira, devido também à possibilidade de desenvolvimento da indústria nacional.

Freitag (1980) caracteriza o período seguinte, de 1954-1964, como conflitivo e contraditório, entre tendências populistas e antipopulistas que refletem a ambivalência dos grupos que estão no poder e lutam em torno da Lei de Diretrizes e Bases da Educação Nacional e da Campanha da Escola Pública.

Com o golpe militar de 1964, institui-se um Estado altamente repressor, conservador, respondendo aos interesses políticos e econômicos de uma burguesia internacional, representados interiormente por uma classe dominante local.

Com a consolidação das instituições capitalistas, essa situação ditatorial passa a emperrar as engrenagens do próprio sistema, dando-se, a partir de pressões do governo Jimmy Carter, aberturas às ditaduras da América Latina, implantadas pelos próprios interesses dessa classe internacional, com o consentimento direto ou não do povo em geral, mas certamente com a comprada consciência das burguesias nacionais. Podemos citar como referência o filme *Estado de Sítio,* de Costa Gravas.

Expressão disso é o acordo MEC-USAID (*United States Agency for International Development,* 1964-1968), que norteia toda a reforma da nossa estrutura universitária, que antes copiava a academia intelectualizada, filosófica e culturalista europeia, mais precisamente a escola francesa.

A partir desse acordo imposto, passa a universidade brasileira a ser normalizada pelo modelo pragmático tecnocrático americano. Esse acordo visa também a impedir a criação de conhecimentos, obrigando a universidade a importar *know how.* O Brasil é uma grande preocupação política em termos da América Latina, dada a sua enorme extensão territorial, suas potenciais riquezas e sua possível influência em termos continentais.

Segundo esclarece Martins (1975, p. 47),

> Os convênios assinados entre Mec e a USAID no período de 64/68, para fixar os tipos de currículos, métodos didáticos, programas de

pesquisa, serviços de orientação etc., visavam obter o máximo de eficiência na formação de profissionais de "recursos humanos" para a consolidação do capital dependente.

Acredito que esta inserção histórica é muito importante na reflexão sobre o trabalho do orientador profissional ocupacional, porque a identidade profissional ou vocacional (peça mais iluminada, procurada, neste imenso quebra-cabeças e objetivo de estudo dentro da orientação vocacional) está vinculada a todos esses níveis de diversos contextos, pois um profissional e a sua formação se inserem nos diversos níveis institucionais, tanto como as mais diversas ocupações, bem ou malvistas, são fruto e estão em relacionamento dinâmico com todas essas mesmas instituições.

Por essas razões, ora é preciso olhar a identidade profissional, ocupacional ou vocacional verticalmente, procurando seus diferentes aspectos psicológicos, ora é necessário olhar em planos horizontais, em outros ramos do conhecimento humano, percorrendo e inter-relacionando-os de ângulos diferentes para tentar atingir uma visão mais integradora e mais abrangente da questão. Todavia, é impossível ter-se uma visão global, absoluta, pois o humano é limitado e está sempre se transformando, e existem inúmeras facetas a serem observadas.

É possível configurar alguns dados a respeito da origem e do desenvolvimento das instituições de ensino no Brasil, fruto que são dessas diversas influências político-econômicas e que, dependendo de um contexto maior, em diferentes épocas, enfocam os conceitos de Psicologia, Pedagogia, política educacional, privilegiando diferentes abordagens em orientação profissional com diferentes visões, aplicações, objetivos e interesses.

Apoiado em trabalhos de René Benda, Serbino, Martins e outros autores, que teorizam sobre o Ensino Superior no Brasil, pode dizer-se que, a partir de 1968, o ensino sofre uma expansão desregrada, caótica e vertiginosa, com consequências múltiplas de degradação em diferentes direções. Isso de maneira alguma invalida a carga útil de conhecimento e o desenvolvimento que prestou.

Identidade profissional 195

Nos fins dos anos 1960, a classe média das grandes cidades brasileiras pressionava o governo às portas das faculdades; a pressão dos alunos excedentes (alunos aprovados nos exames vestibulares e sem vaga) era muito grande. Para solucionar as questões surgidas, as autoridades decidiram, de uma maneira funcional e incabível do ponto de vista ético, passar a divulgar somente os nomes dos aprovados que preenchiam o número de vagas existentes, sem divulgar as notas nem as colocações dos não aceitos. Conjugada a essa situação, deu-se uma abertura indiscriminada de faculdades que, desde então e até o presente momento, vêm sendo transformadas em universidades por meio da multiplicações de cursos e de uniões de escolas. Foi gerada uma verdadeira corrida a títulos e diplomas dos que vêm tentando realizar o sonho da "faculdade" e da "formação universitária".

É importante recordar que essa tíbia classe média dos grandes centros urbanos, sem identidade própria e um pouco abastada, pelos anos 1950 a 1960, em virtude do processo de industrialização do país, era proveniente em grande parcela da imigração de outros continentes nos anos 1910, 1920 e 1930, de emigração de estados e cidades menores do interior, além de uma pequena parcela fugida das guerras diversas, a maioria de origem camponesa, ou, em menor escala, artesã. À medida que vai estruturando-se na cidade, essa população procura adquirir hábitos, valores e uma identidade citadina. Os centros urbanos cresceram assustadoramente depois da Segunda Guerra Mundial, em função de diversos fatores econômicos e políticos, industrialização, expulsão do campesinato de seus lugares de origem, inchando também as classes mais baixas e marginais. Só isso já configura uma sociedade mutável, instável, sem valores próprios, ou seja, classes em formação ou uma mescla de classes e influências. É nesse território altamente conturbado que o trabalho do orientador profissional ou ocupacional se desenrolaria.

Pode supor-se um motivo, um valor subjacente nas famílias, a figura do "doutor", neste caso do médico, do advogado, do engenheiro. Também essa classe média é induzida a aprender e a viver em um mundo mais industrializado e numa versão "terceiro-mundista" de sociedade de consumo, implantados pelos gordos anos J. K., subsequentes "milagre brasileiro", na ditadura, e planos que tentam enfrentar a crise econômica dos anos 1980 e 1990. Essa classe "crédula" e com valores enxertados pelos meios de comunicação de massa cria pretensões a ascender socialmente por meio da exibição de bens materiais e diplomas.

Martins (1975, p. 54) afirma:

> A expansão privatizada ocorreu na época de euforia do milagre econômico, quando uma política salarial rígida favorecia a elevação da taxa de lucro, ocorrendo também nestes anos vultosa entrada de capitais estrangeiros, associações do capital nacional àqueles capitais, empréstimos externos, o que viria aumentar posteriormente a dívida externa do País. As fornadas de profissionais produzidas naqueles anos foram em boa medida absorvidas pela economia, que passava por um momento de expansão tanto no setor público como no privado, gerando empregos que possibilitavam aquela incorporação. O declínio da expansão caminha ao lado da desaceleração dos investimentos tanto no setor público como no privado, fazendo diminuir, portanto, a criação de empregos. O endividamento externo do País, atingindo níveis críticos, o desequilíbrio da balança de pagamentos, a escalada da taxa de inflação, está prenunciando um comportamento recessivo da economia, tudo isso esvaziou as funções do ensino superior. O contingente de profissionais que a expansão gerou produziu não apenas um "proletariado acadêmico" que exerce funções desconexas com a formação acadêmica recebida, mas também um "Lumpen" que se colocou completamente à margem do trabalho [...]
> [...] Seria, no entanto, errôneo pressupor que as fornadas de profissionais produzidas durante a expansão foram incorporadas da mesma forma e com as mesmas chances no mercado de trabalho.

Mais adiante, no mesmo artigo, o autor (p. 55) faz referência ao ensino nessas escolas-empresas:

Identidade profissional 197

Este setor privado, além de ministrar cursos de menor prestígio, dispõe de um quadro docente composto basicamente de "horistas", sem uma carreira acadêmica definida, ocupando espaço físico exíguo, com bibliotecas carentes etc. Por outro lado, a desigual distribuição de capital econômico, capital cultural existentes na sociedade, foi reproduzida pela expansão privatizada, na medida em que a clientela que ela atrai caracteriza-se, em boa medida, pela ausência ou posse precária de bens econômicos ou simbólicos. Na medida em que as instituições de ensino superior passam a reproduzir a estrutura de classes da sociedade, a hierarquização dos títulos acadêmicos passa a estar conectada com o maior ou menor prestígio da fonte expedidora.

Nesse longo trecho de cunho político-pedagógico, pode ler-se nas entrelinhas um conteúdo de psicologia, de como varia e se modifica a possível identidade ocupacional ou profissional do estudante e dos profissionais, em função dos diferentes incentivos e valorizações de cursos e escolas.

Na disciplina de Orientação Profissional, o professor supervisor deve trabalhar no ponto de encontro desses diversos setores de influências e de compreensão do ser humano e da sociedade onde esteja inserido. Em um curso de formação, isso deve ser explicitado pedagógica e educacionalmente. No trabalho de orientador profissional, esse complexo de influências, sempre presente, deve ser trabalhado terapeuticamente. Daí a necessidade de informação e de formação subsequentes para que o indivíduo possa fazer uma escolha madura.

O desenvolvimento da educação no Brasil, sobretudo nos anos 1960, promoveu a abertura de cursos técnicos e fez uma reforma curricular eliminando do Ensino Médio as cadeiras mais formadoras de uma cultura "clássico-humanista" e de um pensamento crítico: latim, grego, filosofia, sociologia etc. Tudo isso gerou uma procura de escolaridade de nível superior por pessoas mal-informadas e malformadas. Sem possibilidades de escolher os futuros cursos (sabendo o quê, por quê, para quê, como fazê-lo), as pessoas fazem escolhas em cima de imagens distorcidas de profissões e profissionais e, inadvertidamente, vão para onde há vagas. Dessa forma, o menor conhecimento do conteúdo dos currículos e das possibilidades de desempenho profissional futuro (o quê, como e onde) geram índices de evasão muito grande dos primeiros anos do nível universitário, assim como mudanças de cursos, incertezas e sofrimento pessoal. Esse jovem, depois de formado, fica mais propenso a ser um mau profissional, revertendo em último desdobramento um prejuízo para a sociedade.

Cabe ressaltar que, nesse estado caótico de coisas, a escola teve e ainda tem um papel também positivo, tais como o desenvolvimento econômico das regiões onde são implantadas, muitas vezes criando uma outra cultura urbana, "intelectualizada", dentro de uma cultura típica de cidade do interior ou de bairro, possivelmente promovendo uma pequena aculturação (outra cultura) de outros meios sociais.

As escolas-empresas, por serem novas, não têm as hierarquizações rígidas e burocratizadas de escolas antigas (federais, estaduais ou instituições particulares), permitindo, assim, a implantação de novos cursos, outras dinâmicas de funcionamento entre corpo docente, discente e trabalhos com a comunidade. Por necessidades e muitas vezes faltas de materiais e de elementos humanos, as escolas-empresas permitem e precisam de novas formas "alternativas" de funcionamento e estruturação de cursos e de estágios.

Outro aspecto importante é a formação cultural dada às populações que as frequentam. Embora limitada, preenche uma enorme lacuna criada por toda a política educacional. Com críticas e limitações, ainda dão alguma formação educacional dentro das necessidades de desenvolvimentos econômico e social do país. Do nível Médio ao de pós-graduação *lato sensu*, funcionam como cursos supletivos, com todos os aspectos positivos e negativos intercorrentes.

Os alunos e profissionais formados por essas escolas, muitas vezes provenientes de classes urbanas menos favorecidas, das capitais e do interior, com menos lastro cultural e econômico, têm, por essas razões, mais capacidade de trabalhar e de contatar com

Identidade profissional 199

as populações de baixa renda, requisitantes, por exemplo, das clínicas-escolas de Psicologia, Odontologia, Medicina, serviços de atendimento de advocacia e outros. Porque muitos desses alunos trabalham durante o dia, estando já inseridos no sistema de produção, suas instituições podem perceber o seu papel político e a proximidade em que estão das mesmas dificuldades do povo. Não quer dizer que sempre conseguem, e, quando o fazem conscientemente, não é sem conflitos.

É importante destacar que o professor-horista, na maioria dessas escolas, cumpre, além do papel de informar, um papel formador, do ponto de vista ideológico. Pode ter uma atitude politicamente conivente, praticando uma pedagogia de classe dominante, criando uma consciência dita intransformável da ignorância do seu aluno, ou, então, com este aluno, coloca-se a serviço de um desenvolvimento próprio e politicamente engajado.

Politicamente engajado não quer dizer "proselitista" ou panfletário, mas, sim, que vá ao encontro e seja produzido a partir dos reais interesses e das necessidades da população atendida, que estuda e trabalha nestes estabelecimentos de ensino. Vemos o estudante, o profissional, nessas escolas, muitas vezes receberem cursos de formação precária, nos quais não é possível um desenvolvimento e convivência acadêmicos, pois alunos e professores não podem estudar, pesquisar mais adequadamente por falta de tempo, de condições de ensino e de trabalho. É importante perceber-se – para ser transformado – que escolas com essa orientação formam um profissional de nível menor, com consciência e identidade e autoestima de níveis inferiores. Essas escolas oferecem alguma possibilidade de profissionalização, cumprindo uma função que pode ser denominada de "recuperação cultural", e abrem um relativo espaço para o pensar. Isso é criticável e também louvável, uma vez que não pode ser negado que elas têm um papel político e social, o que nem sempre percebemos, e é muito importante de ser estudado e esclarecido.

A falta de planejamento mais a conveniência e o interesse de lucro imediato por parte dos proprietários geraram a abertura de um

200 *A escolha profissional em questão*

sem-número de escolas de Direito, Letras e Pedagogia, podendo-se incluir também cursos de Psicologia, que, segundo Benda, são movidos a "cuspe e giz". Estes passam a ser os únicos cursos possíveis de escolha, dado que, em geral, são noturnos, às vezes com frequência livre e com mensalidades relativamente baixas, ou assim o foram no passado. Portanto, não é difícil entender que as classes menos favorecidas econômica e culturalmente optem por esse tipo de escola. É altamente questionável o tipo de escolha que de fato podem fazer.

Outra vertente de implantação de cursos foram os de período integral, caros e destinados principalmente aos jovens que podem ser sustentados pelas famílias. Esta parcela da população, que as crises econômicas sucessivas vêm dizimando, tenta identificar-se com o poder, ou almeja esse poder, imita uma classe média-alta, ou uma pequena burguesia estabelecida com capital cultural econômico que determina o seu nível social. Os cursos "elitizados" muitas vezes criam profissionais com identidade ocupacional ou profissional que os faz inferiorizar aquele que busca o seu cuidado, valorizando o "cliente" dependendo de sua posição social. Não é necessário comentar que esses cursos são imensamente lucrativos, sobretudo os de Medicina e Engenharia. Nos últimos trinta anos, mesmo as profissões mais "nobres" vêm sendo proletarizadas, e seus profissionais sentem-se muito humilhados na condição de assalariados, tendo de abrir mão do sonho de profissional liberal.

"Vemos neste período a deliberada omissão do Estado, que mediante uma política excessivamente generosa de licenciamento de novos cursos foi na verdade o grande esteio sobre o qual se ergueu o ensino superior" (BENDA, 1984, p. 58).

Durante esse período, de fins de anos 1960 até o final do regime militar, percebemos que, ao mesmo tempo em que se diminuíam as verbas para o ensino público, incentivava-se deliberadamente o ensino pago, numa tentativa de eliminar o ensino gratuito e a obrigação do Estado com os desenvolvimentos cultural, artístico, científico e tecnológico. Simultaneamente, as verbas para

Identidade profissional

a segurança nacional são aumentadas sem encontrar nenhum tipo de obstáculo, bem como são criadas imensas obras "públicas" de necessidades e utilidades muitas vezes duvidosas.

O Estado passa, nos fins dos anos 1960, a dar incentivos econômicos aos diversos empresários que pretendem abrir escolas Superiores em diversos lugares. Essas escolas se destinam, evidentemente, a um outro contingente de alunos, com vestibulares mais fáceis, realizados depois dos exames das "grandes escolas", atraindo assim os "excedentes" e não aceitos pelas escolas consideradas de alto nível. Assim sendo, o cabedal de instrução requerido para o vestibular foi pouco a pouco sendo rebaixado, e consequentemente o ensino dentro dessas escolas e o estofo cultural tecnológico desse profissional. Em 1976, é instalado o crédito educativo. Descaradamente, o dinheiro que falta para a ampliação e mesmo a manutenção do ensino público sobra para o incentivo subsidiado ao ensino particular.

Em função dessa realidade, é obrigatório ao orientador profissional trabalhar as escolhas de ocupação de vidas, profissões, formando e fundamentando, nele e no orientando, uma posição individual, interiorizada, que se reflita no social. Voltando agora o pensamento para o educador universitário, sua identidade profissional e sua ideologia de conduta, deve pensar-se nas seguintes considerações de Serbino (1982, p. 25): "O pensamento da intelectualidade brasileira está propondo as diretrizes para uma universidade atuante, engajada num processo desenvolvimentista autenticamente nacionalizante: a universidade como propulsora das transformações necessárias e indispensáveis."

Em relação à má-formação dos profissionais de Ensino Superior, consequência dessa política educacional e da distorção ideológica, somadas e gerando apenas uma expansão quantitativa de ensino, a mesma autora (1982, p. 26) adverte: "O ensino superior fica assim entregue a 'pernósticos' amadores, que pouco ou nada conhecem da ciência e da vida universitária."

Sem dúvida, acredito na necessidade de se formarem professores universitários com uma postura crítica reflexiva dentro do contexto social-escolar, com um embasamento geral e com uma formação técnica especializada. Esse profissional deve receber e criar condições de se formar com uma consciência de sua função ideológica-educativa, isto é, a de dirigente e formador de profissionais, conseguindo, dessa forma, uma identidade profissional desenvolvida e não um postura niilista, negativa e conformista de colonizado entreguista.

O profissional de ensino não pode ser um mero técnico ou exercer a sua função apenas enquanto "emprego"; é necessário que tenha uma identidade profissional que lhe permita valorizar e respeitar o ser humano que educa e cria, bem como a sua própria pessoa. Que possa exercer sua função com uma consciência social de aplicação de seus conhecimentos, somada à valorização de sua ocupação de vida.

Nestes termos, é indispensável que o professor universitário e particularmente o de Psicologia, no nosso caso, e o orientador profissional que ele forma, desenvolva uma consciência da universidade enquanto instituição, para, então, poder desempenhar o seu papel transformador e criador – que lhe cabe dentro e fora dela, enquanto cidadão –, ao trabalhar com pessoas que podem eventualmente ingressar em um curso universitário. É vital que adquira o poder sobre si mesmo, entre em contato com suas estruturas interiores e se dê conta das sobredeterminações exteriores, que possa entender *o quê, como, por quê, para quem e com quais objetivos* exerce suas atividades. Tudo isso faz parte de um curso de Orientação Vocacional e do cotidiano do orientador profissional.

Descrição do curso

A metodologia do curso conjugava a estratégia clínica e pressupostos da teoria de grupo operativo na formação do psicólogo junto à área de Orientação Vocacional.

A procura da percepção e do desenvolvimento da identidade profissional de psicólogo e orientador profissional constitui

Identidade profissional   203

para o aluno-estagiário um processo que caminha paralelamente ao de atendimento individual e de grupo nessa área, a identidade profissional do cliente por ele atendido, bem como a do professor--supervisor. Essa situação de ensino está alicerçada em pressupostos ideológicos que interligam, em um único corpo, a teoria, a prática e a experiência pessoal dos componentes do grupo.

O curso de orientação vocacional estava dividido em sete partes.

No primeiro semestre, o aluno-estagiário passava por:

a - uma vivência de orientação profissional em grupo;
b - discussão e aprendizado teórico;
c - triagem e montagem dos grupos de atendimento de adolescentes, que eram atendidos no segundo semestre;
d - reflexão sobre o trabalho, avaliação do semestre e programação para o semestre seguinte;

O segundo semestre era utilizado para:

a - atendimento de grupo;
b - atendimento individual;
c - reflexões, críticas e síntese da proposta do trabalho.

Essas etapas eram vividas em aulas-supervisões semanais de aproximadamente três horas de duração, com grupos de doze a vinte alunos-estagiários.

Aspectos teóricos

Depois da experiência vivida em que o grupo discutia suas próprias escolhas de cursos e profissões, era iniciada uma série de discussões em grupo e exposições de aspectos teóricos do livro adotado – *Orientação Vocacional – a estratégia clínica*, de Rodolfo Bohoslavsky.

Nesse momento, eram discutidas temáticas concernentes, tais como:

a - O que é orientação profissional/vocacional. Diversas abordagens teóricas e práticas.

b - Como pode ser compreendida a questão da identidade profissional/vocacional dentro da teoria proposta.

c - Como pode ser entendida a identidade profissional do orientador profissional. Aqui, entende-se como no decorrer do quinto ano de Psicologia era trabalhada, em um paralelo, a identidade profissional do aluno-estagiário, do professor supervisor e do cliente de orientação profissional, em um contexto social, temática principal da dissertação de mestrado.

d - Diagnóstico em orientação vocacional.

É necessário que o Orientador Profissional, trabalhando em atendimento de grupo ou individual, em consultório, em escola ou em outra instituição, possa compreender a problemática de Orientação Vocacional para poder encaminhar o cliente para um atendimento de Orientação Vocacional quando este apresenta questões relativas à escolha profissional, à escolha de cursos, à reorientação de carreira ou às mudanças ocupacionais em função de ocorrências de vida ou de trabalho.

Também é necessário perceber quando o indivíduo apresenta uma problemática de orientação vocacional, mas concomitantemente traz elementos de uma outra ordem, que requisitam um outro tipo de atendimento, muitas vezes uma psicoterapia e junto um trabalho de orientação vocacional. Outras vezes o cliente "usa" a orientação profissional como requisição de um cuidado de psicoterapia , pois não apresenta realmente uma problemática de escolha vocacional ou profissional.

Também é necessário haver critérios para a formação de um grupo, em termos terapêuticos de OV diferentemente de um grupo de terapia. O trabalho de Orientação Profissional decorre

Identidade profissional 205

em poucas sessões (de cinco a oito). Não há tempo cronológico nem espaço psicológico para serem trabalhadas diferenças de características de personalidade muito díspares ou problemáticas mais acentuadas. Portanto, um dos critérios mais importantes na formação de um grupo é a homogeneidade. Contrariamente, quando temos uma situação de terapia de longa duração, a configuração do grupo pode ser bem heterogênea, pois provavelmente sejam muito enriquecedores e terapêuticos para o grupo e para cada indivíduo a compreensão e o esclarecimento das divergências entre os participantes e a compreensão das características de cada elemento. Para tanto, é necessário tempo, constância do trabalho e participação no grupo, o que obrigatoriamente requer um outro enquadramento do processo grupal, que agora é sem dúvida de terapia. Nesses termos, é muito importante ser diferenciado o que é terapia do que é terapêutico. Embora com contornos borrados, o terapeuta ou orientador profissional deve estar muito ciente de seus objetivos e de suas requisições do cliente (grupo ou indivíduo).

Todo esse processo de diagnóstico por meio de entrevistas individuais ou algumas vezes em grupo faz parte da triagem, que nunca pode ser conduzida como um sistema de anamnese ou entrevistas fechadas, mas dentro de uma visão de entrevista aberta, em que temas relativos à escolha profissional e a outros aspectos da vida do indivíduo, tais como crescimento, escolaridade, família, sexualidade, projetos de futuro etc., fazem parte do contexto de escolha vocacional profissional. Isso pode ser entendido também como uma entrevista mista.

Proposta de avaliação do estudo e trabalho em Orientação Profissional ou Ocupacional

Também se pode compreender a área de Orientação Profissional restrita à escolha profissional, isto é, como uma eleição de estudo, a maior parte das vezes escolha entre os cursos superiores e técnicos por adolescentes. Compreende-se essa atitude por algumas razões, entre elas a pressão sofrida por parte dos adolescentes no sentido de escolherem um estudo que lhes permita se colocarem no mercado de trabalho futuramente. Essa demanda social chega aos serviços de Orientação Profissional institucionais e aos atendimentos em consultórios particulares com grande frequência. Os profissionais, portanto, precisam criar teorias e técnicas para atender a essa requisição. Além disso, tal questão é usualmente trazida como uma dúvida ou conflito do indivíduo que precisa definir-se na vida, perdendo-se de vista a conjugação dessas situações individuais dentro de um contexto socioeconômico-cultural mais abrangente.

Necessário se faz libertarmo-nos dessas amarras da "urgência" do "ganha-pão" para trabalharmos mais integradamente com os conhecimentos advindos das várias ciências em um campo da orientação vocacional ou ocupacional, ao abranger, em um amplo sentido, todas as possíveis ocupações que um indivíduo pratica durante sua vida, suas evoluções e suas transformações, desde áreas de estudo, atividades remuneradas ou não, reorientação de carreiras por diferentes motivos, aposentadoria etc., incluindo profissões ou atividades com as quais as pessoas ganham o seu sustento.

Assim, acredito que a problemática do aluno-estagiário, das pessoas por ele atendidas, do próprio professor-supervisor, do orientador profissional frente à necessidade de escolhas e definições ocupacionais ou profissionais constitui uma questão significativa individual e social em Psicologia.

Referências

ANDRADE, L. Q. *Identidade Profissional:* Caminhos. Uma Experiência Metodológica na Escola-Empresa. Dissertação de Mestrado – Instituto de Psicologia da Universidade de São Paulo, 1985.

BENDA, R. O ensino superior no Brasil. *Cadernos de Pesquisa.* São Paulo, v. 48, p. 57-62, 1984.

BOHOSLAVSKY, R. *Orientação Vocacional* – a estratégia clínica. São Paulo: Martins Fontes, 1977.

_____. *Lo Vocacional* – teoria, técnica e ideologia. Buenos Aires: Busqueda, 1975.

FREITAG, B. *Escola, Estado e Sociedade.* São Paulo: Moraes, 1980.

GREENING, T. C. *Psicologia Existencial* – Humanista. Rio de Janeiro: Zahar, 1975.

MARTINS, C. B. *Profetizarão*: a política do Estado autoritário para o ensino superior. SBPC, 324 reunião, Comunicação Coordenada, 1975.

PEREIRA, L. M. *As atividades profissionais do Psicólogo.* Tese de Doutorado, Instituto de Psicologia da Universidade de São Paulo, 1972.

ROGERS, C. R.; ROSENBERG, R. L. *A Pessoa como centro.* São Paulo: Pedagógica e Universitária, 1977.

SERBINO, R. V. A educação do educador universitário. *Didática.* São Paulo, v. 18, p. 25-31, 1982.

Relação homem-trabalho – Campo de estudo e atuação da Orientação Profissional

Maria da Conceição Coropos Uvaldo[1]

Pesquisando a bibliografia existente na área de Orientação Profissional no Brasil, nota-se uma preponderância de artigos e livros relatando experiências com jovens do terceiro ano do Ensino Médio. E mais, quando se fala em Orientação Profissional, a associação imediata da maioria das pessoas é com um trabalho dirigido a essa população.

O objetivo deste texto e de outros que o seguem é ampliar essa perspectiva.

Mas... o que é mesmo Orientação Profissional?

A Orientação Profissional hoje fica bastante restrita ao atendimento de terceiro-anistas do Ensino Médio (como podemos confirmar no capítulo de Fabiano Fonseca da Silva). É importante observar tratar-se de um dado momento histórico, que tem seu auge na década de 1970, quando o sonho de todos era fazer uma faculdade, símbolo inconteste de ascensão social e respeito para as classes média e baixa.

Em decorrência disso, temos o surgimento de um número muito grande de escolas de nível Superior, fazendo com que o sonho

---

[1] Mestre e doutora em Psicologia Social e do Trabalho pela USP, professora universitária e do curso de especialização em Orientação Profissional e de Carreira do Instituto Sedes Sapientiae. Psicóloga do Serviço de Orientação Profissional da USP.

se tornasse possível, pelo menos hipoteticamente. Já nos anos 1990, ocorrem como consequência desse movimento:

a - um número elevado de pessoas com diplomas de nível Superior não assimiladas pelo mercado de trabalho;
b - qualidade bastante questionável de uma parte das escolas que fornecem esses cursos.

Seria uma análise ingênua julgar que o Brasil possui "doutores" demais. Na verdade, já há muito se sabe que a concentração de profissionais universitários é desigual, encontrando-se em sua maioria nos grandes centros urbanos. Este é o retrato, consequência de políticas educacionais pouco abrangentes e garantia de poder para uma determinada classe social.

Em meio a esse panorama, é explicável que sempre que se fale em Orientação Profissional a associação imediata seja: escolha de faculdade.

Mas é apenas para isso que serve a Orientação Profissional? Será que esse campo não seria mais amplo?

Particularmente, parece-me extremamente limitante encarar a área de Orientação Profissional como teorias, técnicas, programas para ajudar o aluno de terceiro ano do Ensino Médio a escolher uma faculdade. Com isso não considero desnecessário ou sem valor este tipo de trabalho, mas é apenas *uma* das possibilidades de intervenção do orientador.

No sentido de reaproximar a Orientação Profissional do *continuum* de *desenvolvimento vocacional,* como conceitua Super, e julgando que a *relação homem-trabalho* deva ser o seu grande foco e objetivo é que escrevi este trabalho.

Apresento a seguir, baseada nos trabalhos desenvolvidos no setor de Orientação Profissional da USP e em meu consultório particular, outros momentos em que intervenções são possíveis, ajudando no desenvolvimento mais integral do indivíduo, independentemente da idade.

Oitava série (treze a catorze anos)

Momento em que muitos adolescentes entram no mercado de trabalho. Por desconhecimento e mesmo falta de preparação, acabam "optando" pela primeira oportunidade que aparece.

Emocionalmente é uma época complexa, em que ocorrem mudanças corporais muito intensas, com o aparecimento dos caracteres sexuais secundários. Período de tentativas de diferenciação dos pais, de busca do grupo de pares, enfim, a adolescência começa a se manifestar em toda a sua intensidade.

Cognitivamente, seguindo-se o modelo piagetiano, é a última etapa da aquisição das operações formais. Trata-se de ser capaz de raciocinar e de deduzir, não somente sobre objetos concretos, mas de lógica e de raciocínios dedutivos sobre hipóteses e sobre proposições.

A confusão ou aparente passividade resultante desse processo são pouco compreendidas por pais e adultos significativos, que acabam por escolher o emprego, o curso para o adolescente.

Ressalto, a seguir, a questão da escolha de uma escola técnica, por ser essa a dúvida mais comum e que pode ocasionar a procura de um orientador profissional.

Logo ao primeiro contacto, nota-se que o curso técnico apresenta-se como sugestão de pais, familiares ou professores. São comuns frases como:

"A minha mãe falou que é bom para o meu futuro!"
"Eu vou poder arrumar emprego logo!"
"Eu gosto muito de estudar mesmo!"

demonstrando o pouco conhecimento sobre essa escolha, e mais, como a responsabilidade do futuro fica depositada no outro, que em alguns casos desconhece tanto o ensino técnico como o adolescente.

Vale a pena, tamanha a importância dessa questão, uma reflexão mais abrangente sobre as escolas técnicas. Plantamura (1993) aponta que o dualismo escola técnica X escola normal é originário das relações de produção da sociedade escravocrata. Haveria a educação para a elite e outra, para os marginalizados.

O trabalho ideologicamente representado como castigo para escravos e pobres originou as primeiras escolas técnicas ou profissionais, que não passavam de obras de caridade para órfãos e pobres.

Atualmente, a necessidade emergente de domínio não apenas da "cultura geral" (entendida aqui como atividades intelectuais), mas também da tecnológica, faz com que essas ideias devam ser revisadas, adequando-as à revolução técnico-científica vivida neste final de século XX. Exemplificando: datilografia era algo para os que pretendiam dedicar-se às práticas de escritório; computação é uma necessidade para todos, dos mais humildes aos de ocupações mais complexas. Portanto, as escolas técnicas devem ter sua importância ampliada nos próximos anos, sob o risco de perdermos o trem da história se isso não ocorrer.

O pequeno número de cursos oferecidos em nível técnico, o que em si já desestimula a maioria dos jovens, deve ser ampliado, tornando-se o trabalho com essa faixa etária vital para o bom desenvolvimento profissional dos adolescentes.

Técnica e teoricamente, ao nos defrontarmos com essa população psicologicamente instável pelos conflitos próprios da idade e ao mesmo tempo despertando para as questões sociais, acredito ser necessário um trabalho mais organizado por parte do orientador. Com isso quero dizer: diretrizes mais claras, propostas concretas, para poder ser entendido e assimilado. Nesse sentido, propostas como a dos canadenses Pelletier, Bujold e Noiseaux acabam sendo de grande aplicabilidade. A máxima dos autores é

> "Escuto e esqueço
> Vejo e me lembro
> Faço e compreendo"

o que parece, de certa forma, adequado para ajudar adolescentes dessa faixa etária, que têm no fazer, no pensar sobre o concreto, muito mais facilidade do que no abstrair. A própria organização do processo do geral para o específico ajuda a melhor integração dos componentes de uma escolha. Saliento, contudo, que, mesmo em propostas como a de Pelletier e equipe, em que existe claramente a opção pelo trabalho em relação ao sujeito epistêmico, devemos considerar questões como: mudança de escola, perda de colegas, medo do futuro, das relações de trabalho e outras relacionadas com o próprio crescimento. O espaço para que essas questões possam surgir é vital para um trabalho mais comprometido com o desenvolvimento do indivíduo como um todo, e – por que não dizer? – como ser social.

O ideal seria não apenas um trabalho na época da crise, mas que a questão da escolha profissional e da relação indivíduo sociedade pudesse fazer parte da rotina das escolas. Plantamura frisa a necessidade desses conteúdos como parte dos currículos, acrescentando: "Esta capacidade de reflexão, aliada à compreensão da cultura do trabalho e ao domínio do saber fazer, devem ser entendidas como meios de produção de que o aluno/trabalhador precisa se reapropriar para poder viver sua cidadania."

Ressalto que em minha experiência estas propostas mais cognitivas não são muito efetivas ao se tratar de adolescentes mais velhos, que já apresentam maiores conhecimentos sobre o mundo do trabalho e das profissões, e, como consequência, distorções e experiências afetivas relacionadas com tudo isso, tornando estratégias como as propostas por Rodolfo Bohoslavsky mais adequadas e com melhores resultados.

Segundo e terceiro anos – Ensino Médio

O fenômeno da desvinculação escola-trabalho também ocorre no ensino médio. É comum observar o grande susto dos adolescentes em terem de *escolher um trabalho, escolhendo uma faculdade.* Sentem-se perdidos, apresentam-se como se nunca houvessem feito uma escolha na vida. Estão escolhendo quem ser.

Tocar na questão da informação ou no autoconhecimento apenas evidencia uma deformação da visão do processo. Se o trabalho basear-se apenas na informação, considera-se que o indivíduo deve se "encaixar" dentro das perspectivas possíveis sem reflexão. No outro caso, esquece-se do mundo concreto onde o trabalho se insere, ficando à mercê do desejo. Uma Orientação Profissional não pode perder de vista o indivíduo, tampouco o mundo do trabalho, profissões, ocupações.

A estratégia clínica proposta por Rodolfo Bohoslavsky contempla estes aspectos. Na verdade, trata-se de uma terapia breve focada na questão da escolha, com fundamentação Kleiniana.

Fica difícil a quem nunca vivenciou este processo entender como não se cai numa terapia. A resposta está no "enquadre". Nele estabelecemos as regras do trabalho (horários, remuneração, número de sessões), pedindo ao cliente que não tenha restrições no que contar; tudo é importante. Ora, se estamos dentro de um enquadre de Orientação Profissional, tudo o que for dito deve ser entendido dentro dessa perspectiva. É interessante observar que, quando o orientando já pode perceber melhor onde estão suas dificuldades quanto à escolha, imediatamente ele começa a falar de profissões, faculdades etc. Podemos entender que a "energia" que estava presa no conflito pode ser voltada agora para o mundo e que a mediação egoica interno-externo está em condições para cumprir a tarefa. Trata-se de uma perspectiva psicológica, sendo linguajar e manejo próprios dessa área do conhecimento.

Mas a compreensão de que na escolha profissional interagem aspectos internos e externos e que se deve dar igual atenção a ambos é a grande contribuição do autor.

Dar ao adolescente a oportunidade de se conhecer melhor, entendendo suas dificuldades, ajudando-o na elaboração dos conflitos, abre perspectivas para um trabalho mais informativo. Isso para o aluno de segundo e terceiro ano do ensino médio implica poder realizar uma escolha mais adequada e fundamentada.

Vale a pena frisar que melhor época para que esse trabalho possa ser realizado é no segundo ano, pois dá ao orientando uma

Relação homem-trabalho

certa tranquilidade para poder pensar e repensar a escolha, em função de ainda ter tempo.

Já com o terceiro ano, temos a questão do tempo escasso, do vestibular, do final do curso (ensino médio), o que torna a situação de escolha ainda mais complexa.

Universitários

Para melhor compreender estes casos, é importante diferi-los:

a - *alunos em início de curso* – o descontentamento vem, para a grande maioria, de uma dificuldade de adaptação à faculdade, ao ambiente, aos novos colegas, à relação mais distante com os professores etc. Nesse caso, é importante ajudar o orientando a discriminar os motivos da insatisfação e tentar diferenciá-los do curso, quando for o caso. Conversas com alunos "veteranos" é uma estratégia que leva à reflexão, e pode ajudar muito.

Se o jovem teve de mudar de cidade para estudar, esse tipo de dificuldade aparece com mais frequência e intensidade; trata-se de um mergulho num universo totalmente novo e que, em alguns casos, é desestruturante.

O trabalho do orientador é fundamentalmente para que essas discriminações possam ser realizadas e, então, se possa trabalhar com os componentes realmente desestabilizadores. Como se trata de algo com uma frequência bastante considerável, o ideal seria que a própria faculdade pudesse manter um orientador ou uma equipe para realizar o acompanhamento necessário. Gostaria de salientar que, em cidades pequenas, parte desse trabalho é realizado pelos alunos "veteranos", que empiricamente, tendo passado por problemas semelhantes, acabam dando o apoio necessário a muitos colegas. O mesmo pode ocorrer nos cursos com número menor de alunos e mesmo os de período integral, que acabam possibilitando uma maior convivência entre os colegas. Um trabalho conjunto com o orientador poderia ter resultados extremamente interessantes e, acredito, eficientes.

> *b - aluno em meio de curso* – nesse caso, já é mais provável que o indivíduo tenha mais subsídios para explicar do que não está gostando e por que se sente confuso. Pode haver uma desilusão com o curso, mas na maioria desses casos o indivíduo até já tem uma outra escolha, procurando o atendimento apenas para se reassegurar ou se preparar para enfrentar família e comunidade.

Existem, porém, os que procuram orientação profissional nessa fase apresentando uma insatisfação mais generalizada, em que a questão da faculdade é apenas um dos itens. Nesses casos, é importante que o orientador possa "diagnosticar" bem se é possível trabalhar a questão da escolha, ou se esta é apenas um sintoma de algo que precisa ser melhor entendido. Nesse último caso, deve ser realizada uma preparação para uma psicoterapia ou um encaminhamento mais adequado.

> *c - aluno em final de curso* – seus questionamentos refletem normalmente o grande medo de sair da faculdade. Sua identidade está calcada no fato de ser estudante, assustando-se com a mudança. Sentem-se sozinhos, desolados, incapazes. Portanto, a questão que a princípio pode parecer ser a escolha de um novo curso, na verdade, pode tratar-se do luto pela condição de estudante e, por consequência, de adolescente.

Em todos os casos discutidos neste tópico, é importante frisar que o trabalho em grupo facilita estas compreensões.

Sempre que possível, o grupo de universitários, de preferência de anos diferentes e de cursos diversos, deve ser escolhido como forma de atendimento, pois disso resulta uma troca de experiências muito rica e é facilitado o processo vivido.

Ressalto a importância da formação apropriada do orientador para realizar um "trabalho grupal", com o risco de realizar um atendimento "individual em grupo", o que, com certeza, implica uma deturpação da proposta.

Orientação de carreira

A carreira, até o início dos anos 1980, era algo dado pela empresa, cabendo ao empregado o esforço para se tornar chefe ou algo ainda mais elevado. Apesar de esse sistema ser encontrado em parte ainda no funcionalismo público, na iniciativa privada a carreira passou a ser responsabilidade do indivíduo. Ou seja, as oportunidades existem em várias empresas, o que eu vou fazer com *a minha* carreira *é minha* responsabilidade. Apesar de, numa primeira leitura, isso parecer algo na linha do descompromisso da empresa com o empregado, refaz em outra instância o vínculo do indivíduo com sua própria força de trabalho.

Sabemos que não são oferecidas tantas oportunidades assim, mas este tipo de relação com a carreira implica uma necessidade de perceber mais as realidades de mercado e social, desvinculando em parte do indivíduo a total responsabilidade pelo seu desenvolvimento e seu fracasso, como ideologicamente era feito.

Dessa forma, em alguns momentos críticos da carreira, faz-se necessária uma maior reflexão sobre o caminho a ser seguido. Em que momentos? Demissão, quando se chega ao topo de possibilidades na empresa, quando se está insatisfeito com o trabalho e/ou com a empresa, mudanças no próprio trabalho, mudanças técnicas e tecnológicas etc.

Nesses momentos, também se faz necessário um retrospecto de todas as escolhas realizadas, metas alcançadas ou não, perspectivas, sonhos, enfim, uma reflexão da relação daquela determinada pessoa com sua carreira (que possivelmente vai ter muito a ver com a relação com a vida em geral).

A partir disso, pode pensar-se sobre mercado de trabalho e refletir sobre as colocações possíveis, traçando projetos. Sem se esquecer, contudo, de trabalhar a frustração das metas não alcançadas, repensando a relação com o trabalho, para tentar ressituá-la num contexto mais geral de vida.

Em linhas gerais, seriam objetivos da Orientação de carreira ajudar o indivíduo a:

a - perceber que a carreira é individual;
b - compreender o passado para poder delinear o futuro;
c - reconhecer as próprias necessidades:
d - perceber o papel do "trabalhador" inserido numa série de outros papéis sociais;
e - ser capaz de planejar sua própria vida.

Gostaria de enfatizar que a orientação de carreira, assim como o trabalho para a aposentadoria, que descreverei posteriormente, são perfeitamente possíveis de serem desenvolvidos dentro das empresas, e é até desejável que o sejam.

Aposentadoria

O sonho de todos os trabalhadores é poder ficar sem trabalhar, por mais paradoxal que isso possa parecer. Meta de muitos, sonho acalentado que faz com que os últimos anos de trabalho sejam suportados. Porém, quando o grande dia chega, o que vemos é uma apatia, um grande susto, o aparecimento de doenças e até mortes. Por quê? Do ponto de vista biológico, com o decorrer natural dos anos, o organismo entra em declínio, o novo lugar social depende dos valores culturais, como afirma Bosi (1979): "Além de ser um destino do indivíduo, a velhice é uma categoria social..."

Relação homem-trabalho 219

A cultura ocidental descarta e abandona os velhos, e pouco aborda o tema por ser notadamente indesejável. Afinal, o ritmo acelerado do desenvolvimento econômico nem sempre permite uma adaptação do novo ao antigo. Pensando-se assim, envelhecer é um processo que só acarreta transtornos à sociedade, negando-se que faça parte do ciclo natural da vida.

A solução de continuidade de uma carreira interrompida pela aposentadoria acarreta, na maioria dos casos, perdas que constituem valores centrais na vida do indivíduo: o *status* que ele tinha na empresa, o poder que exercia sobre os outros, a estabilidade financeira e a própria rotina que lhe dava referencial de existência.

Para ilustrar melhor este tópico, cabem referências às entrevistas que fizeram parte da pesquisa *"Stress e Coping"* – um estudo com executivos de uma empresa multinacional desenvolvida por mim, Farina e Vasconcelos.

No relato de um aposentado: "Eu comparo a minha dispensa como uma máquina em alta rotação que para de uma vez. Sofre um extremo impacto, podendo gerar a morte, como aconteceu com vários amigos... Fiquei perdido no espaço. Só com muita força de vontade e muita força para viver consegui superar esta fase e evitar a morte."

O indivíduo percebe que sua identidade pessoal estava presa à organização e, quando se encontra livre para dar um novo rumo ao seu destino, sente-se sem lugar no mundo. O papel profissional é predominante; é o gerador de meios para que se possam cumprir todos os demais papéis sociais.

Esta colocação é confirmada pelos entrevistados, quando se referem a problemas familiares, incluindo a retomada profissional das esposas que começaram a trabalhar após a aposentadoria dos maridos, modificando assim, de forma mais intensa, a relação familiar.

Morte simbólica, a não produtividade, e mesmo a morte concreta, pois é comum nas associações livres de aposentados lembranças de colegas, ou mesmo relatos em que pessoas, ao parar de trabalhar, morreram logo em seguida. Os sentimentos negativos despertados pela aposentadoria são compartilhados por todos, embora pareça haver pouco espaço social para que isso seja discutido e elaborado.

Os cursos de preparação para a aposentadoria, que algumas empresas oferecem, mostram alguma valia quando bem conduzidos. Mas, em alguns casos, servem apenas para aumentar a angústia. Outro sujeito da pesquisa já citada se refere ao seminário oferecido por sua empresa:

> [...] Não adianta esta firma pagar um seminário trinta dias antes do desligamento. Eles não podem dar a fórmula de como se viver ganhando dez salários mínimos. Se ele não fez o que tinha que fazer antes, não vai conseguir. Esse seminário só ameniza o impacto... Eu senti como uma cobrança. Quando eu tinha dezoito anos, deveria ter planejado, e pensei em todo o dinheiro que joguei fora. Me senti muito mal [...].

O que fica claro nos relatos é que a aposentadoria foi como uma "surpresa" para o indivíduo. Simbolicamente é vivida como um corte, um rito de passagem da produção para a inatividade, da fase adulta para a velhice, da vida para a morte. O processo de envelhecimento pode ser considerado como um processo de morte, dentro de uma sociedade em que o mais importante é a produção. Tudo o que é legalmente considerado direito é oferecido ao aposentado como caráter assistencial.

Rosemberg (1980) tenta esboçar o que acredita fosse a saída para este tipo de situação:

> [...] Todos os campos humanos de atividade, estudo e convívio permanecem úteis e possivelmente acessíveis a pessoas de qualquer idade, desde que se façam os ajustes necessários. O equilíbrio é alcançado quando a sociedade passa a exigir menos do idoso, e não quando o exclui; e, paralelamente, o idoso que busca este equilíbrio deve poder afastar-se das solicitações sempre que achar conveniente.

Segundo Lumming e Henry (1961), a adaptação ideal nas fases avançadas da vida consistiria num processo bem-sucedido de "desligamento", resultante de recuo mútuo e harmônico entre indivíduo e sociedade. Nessa dinâmica, as necessidades de afastamento progressivo são sentidas e atendidas pelo próprio indivíduo e recebem correspondência na redução progressiva dos envolvimentos que a sociedade impõe a seus membros. Mas, para isso, precisamos pensar em outra sociedade, em que a velhice e a morte estejam integradas no *continuum* do desenvolvimento.

Programas nas empresas visando a pensar a questão homem-trabalho nas várias etapas da vida com certeza seriam produtivos. Caso isso não possa ser feito, um acompanhamento melhor do indivíduo nos últimos anos da aposentadoria poderia ser profilático.

No caso de atendimento em consultório e/ou instituição, rever todas as etapas da vida de trabalho e ajudar na organização dos novos papéis sociais, além de possibilitar o desenvolvimento de potenciais pouco aproveitados ou esquecidos, seriam os objetivos dessa orientação.

"O fato de ser um homem reduzido à condição de sobra de resto, durante os últimos quinze ou vinte anos de sua existência, comprova a falência de nossa civilização [...]" (BEAUVOIR, 1970).

Deficientes

Incluo aqui qualquer tipo de deficiência congênita ou adquirida. Não há dúvida quanto ao fato de que a inserção num processo produtivo é elemento vital na reabilitação.

Nos casos de deficiências congênitas, o processo deve ser iniciado logo que o indivíduo tenha condições de pensar em colocações no mercado de trabalho, sendo a ajuda da família importante no processo.

Já as deficiências adquiridas precisam ser inseridas em um contexto maior de auxílio psicológico, mas este é um elemento importante para a reestruturação da autoimagem e da estima.

Em ambos os casos, é fundamental que o orientador tenha definição clara da deficiência, das consequências, ou seja, dos limites do orientando.

É importante não confundir o papel do orientador com o daquele que faz colocações no mercado de trabalho. O papel do orientador é auxiliar o indivíduo a reformular sua imagem profissional, perceber onde se pode inserir produtivamente e as dificuldades que podem ocorrer. Super (1980) reforça esta ideia no caso dos deficientes físicos: "A Orientação Vocacional dos indivíduos fisicamente deficientes é dirigida para o desenvolvimento de uma autoimagem realista, procurando relacionar essa autoimagem com o mundo ocupacional [...]".

Não excluo deste item os deficientes mentais, pois é possível fazer com que tenham maior compreensão das possíveis tarefas que possam executar e – por que não? – escolher!

Egressos de hospitais e sua adaptação

Coloco neste item pessoas que tiveram algum comprometimento de saúde mais grave, o que implicou uma internação prolongada (incluo aqui também problemas psiquiátricos), aquelas que necessitam de algum atendimento visando a possibilitar-lhes uma volta adequada ao trabalho. Com isso quero dizer que é necessária uma boa avaliação por parte do orientando das reais condições pessoais "atuais" e do trabalho antes desenvolvido.

Em alguns casos, é de suma importância a mudança de ocupação, pois esta pode ser considerada estressante, não adequada às condições atuais, causadora da doença etc. Recolocar o indivíduo no mesmo ambiente pode condená-lo a não ter uma boa recuperação ou a não desempenhar adequadamente as tarefas anteriores.

Super e Bohn Jr. sugerem que um trabalho conjunto entre orientador profissional e terapeuta ocupacional pode trazer bons resultados: "[...] consistindo em atividades selecionadas em função

Relação homem-trabalho 223

de seu valor terapêutico, é empregada, às vezes, a exploração e criação de hábitos de trabalho efetivos em tais indivíduos."

Orientação de futuros herdeiros

A questão da escolha pelas pessoas de classe social elevada, que inicialmente pensaríamos ter total liberdade de escolha, apresenta também limitações ditadas socioculturalmente. Nessa classe social, é bastante forte a determinação da manutenção do capital familiar; cabe, então, ao "herdeiro" inserir-se nos negócios, nas empresas etc. Normalmente a história familiar já traçou regras a serem seguidas pelos membros: fazer esse curso, aprender daquela forma, enfim, pouco se faz em favor desses jovens, considerando--os privilegiados.

A entrada do "herdeiro" no mundo da empresa ou no negócio familiar deve ser pensada e preparada. Deve haver espaço para que o autoconhecimento possa ocorrer, além do conhecimento da empresa. O que propomos é uma intermediação nesse processo, visando a não deixar sucumbirem interesses, aptidões, características pessoais, enfim, o indivíduo.

Este trabalho é de extrema importância, pois pode ajudar a eliminar o elemento coercitivo desta situação, trazendo a possibilidade do desenvolvimento do jovem "herdeiro" e não comprometendo a empresa como um todo.

Orientação profissional de populações carentes

Curiosamente, a Orientação Profissional no Brasil ficou restrita a uma escolha acadêmica, ficando de fora a grande maioria da população, os que não têm acesso a cursos superiores.

As experiências (vide capítulo desenvolvido por Rogério Duran) demonstram que é possível desenvolver grupos de reflexão sobre a relação homem-trabalho, salários, aprendizagem, cursos, desde que possa ser estabelecida uma linguagem comum. Isso quer dizer um interesse real por parte do orientador de conhecer melhor o mundo daquelas pessoas, seus costumes, seus valores, seus hábitos, suas perspectivas, seus sonhos.

Acrescenta-se a isso um levantamento das reais possibilidades e oportunidades do orientando frente ao mercado de trabalho. Desenvolve-se, dessa forma, a reflexão crítica sobre os determinantes socioeconômicos e a própria valorização da força de trabalho.

Orientação profissional na escola

O Ministério da Educação do Brasil coloca a Orientação Profissional como um dos objetivos da escola e como pessoas responsáveis por esse trabalho o Orientador Educacional, o Psicólogo Escolar e o Professor.

É curioso que nos pedidos que costumeiramente chegam ao Setor de Orientação Profissional da USP (Universidade de São Paulo), o Orientador e/ou Professor não vê como sua essa responsabilidade, pedindo que esse trabalho seja realizado por terceiros na própria escola ou encaminhando os alunos que requisitarem algum tipo de ajuda a serviços especializados ou consultórios particulares.

Nesse estado de coisas, seria de se esperar que os alunos também considerassem que esse tipo de trabalho não fosse realizado na escola. Questionários aplicados em duas escolas públicas de São Paulo mostram que, em sua grande maioria (88%), dos alunos veem na escola o lugar para que este tipo de trabalho ocorra.

Não vou neste tópico descrever trabalhos realizados em escolas que repetem modelos de consultório, ou seja, aplicação de testes ou trabalhos individuais e em grupo, sendo o orientador contratado para essa tarefa específica, pois esse modelo já foi comentado no item em que apresento o trabalho com segundo e terceiro anos do ensino médio.

Relação homem-trabalho 225

Apresento a seguir um relato de experiência, resultado de uma tentativa de levar os componentes da escola a pensar a questão da escolha profissional e serem agentes da ajuda aos alunos nessa área.

Sempre é bom ressaltar que os adolescentes têm como referenciais de identificação com o mundo adulto, e, portanto, também com o mundo do trabalho, os pais, os parentes e os professores. Daí a possibilidade de um trabalho mais geral com os alunos, e com certeza uma expansão do trabalho realizado hoje em Orientação Profissional no Brasil.

A proposta em si não traz grandes novidades. O fato de ela poder ser feita é que introduz o elemento novo.

O relato que se segue foi realizado em 1992, numa escola estadual de São Paulo. Os professores que fizeram parte do projeto foram voluntários, em número de oito, utilizando suas "horas atividades" para o desenvolvimento deste trabalho, apresentado em suas etapas, resumidamente, a seguir.

Trabalho com grupo de professores

A. *Professores e sua escolha* – Sensibilização dos professores inseridos no projeto para que experienciassem um processo de escolha. Por meio de discussão em grupo, pudemos trabalhar a escolha para fazer parte deste grupo e um pouco da própria escolha pelo magistério.

B. *Identidade do grupo* – O grupo elegeu como primeiro passo a realização de um *mural,* um ponto de existência da Orientação Profissional dentro da escola, marcando um espaço. A bibliotecária foi instruída pelos professores a recortar matérias referentes à questão profissional.

C. *Os professores e os alunos* – Garantida a existência concreta do grupo de orientadores dentro da escola, por intermédio do mural, tornou-se possível pensar um trabalho. Foi eleita como etapa seguinte a realização de um questionário para o levantamento das necessidades dos alunos. O primeiro questionário elaborado mostrou uma necessidade dos professores de conhecer os seus alunos, e o porquê disso precisava ser pesquisado, o que foi feito na etapa seguinte.

D. *Trabalho com os professores* – Ocorreram entrevistas individuais com outros professores da escola para levantamento das dificuldades. Ficou claro que o foco das dificuldades estava em uma das classes, onde se concentravam todos os alunos transferidos de escolas particulares. Os professores sentiam-se mais exigidos e desvalorizados por essa turma.

E. *Levantamento das necessidades* – Após esse esclarecimento, foi possível a realização do questionário. Puderam-se constatar as profissões conhecidas e desconhecidas pelos alunos, além de observar o seguinte: o terceiro ano A distinguia-se por claramente expor a necessidade de procurar ajuda *externa* para a escolha. Em nenhum questionário a escola e professores são citados como possíveis colaboradores neste processo.

Manhã e tarde – Os alunos que não estavam definidos acreditavam que a escola e os professores seriam a *melhor* ajuda para a escolha. Mostraram claramente o desejo de fazer uma faculdade.

Noite – Os alunos desse período consideravam que os professores e a escola seriam os *únicos* capazes de ajudá-los na escolha. Demonstraram interesse claro por cursos técnicos ou de curta duração.

Projeto de atuação

Planejamento

Tendo em vista esse quadro, optou-se por desenvolver atividades comuns e outras diferenciadas para os três grupos.

Para os três grupos:

- MURAL
- PALESTRA SOBRE AS PROFISSÕES POUCO CITADAS[2].
- REALIZAÇÃO DE FEIRA DE PROFISSÕES – a ser realizada em conjunto com os demais professores, pesquisando-se os recursos da comunidade.
- PLANTÃO DE DÚVIDAS – Horário em que os professores da equipe estariam disponíveis para consultas e conversas com os alunos interessados (assessorados por um profissional do SOP-USP)[3].

Para cada grupo segundo suas características

- PALESTRA MOTIVADORA PARA O TRABALHO DE OP – Realizada por elementos da equipe do SOP-USP, visando a levantar questões e a refletir sobre o processo de escolha, levando-se em consideração as necessidades de cada grupo.
- EXCURSÕES E VISITAS – A empresas, faculdades, cursos técnicos, conforme os interesses e necessidades de cada grupo, sempre havendo uma preparação prévia por parte dos professores orientadores e outros professores ligados direta ou indiretamente à área a que as visitas se relacionavam.

Conclusões

O projeto foi prejudicado em parte na sua execução por uma greve dos professores. Contudo, a avaliação do grupo de

---

[2] Esta proposta se tornou importante pelo pequeno número de profissões citadas no questionário.

[3] Setor de Orientação Profissional do Instituto de Psicologia da USP.

professores foi positiva. Sentiam-se mais preparados para realizar esse tipo de trabalho e mesmo para organizar trabalhos junto com outros professores.

Nesse caso, o orientador trabalhou como consultor de um programa desenvolvido pela comunidade, respeitando as necessidades e as possibilidades da população.

Fundamentando o trabalho com o grupo de professores, valemo-nos dos aportes teóricos de Pichón-Rivière, sem os quais o desenvolvimento desse tipo de proposta muito se empobrece.

Esses foram apenas alguns tópicos de trabalhos possíveis para o orientador, pois, na verdade, onde houver dificuldades na relação homem-trabalho, aí estará o espaço de ação desse profissional.

Em nenhum momento, ao escrever este texto, perdemos de vista a questão socioeconômica como determinante de escolhas e não escolhas. Ela faz parte de todos os processos de Orientação Profissional, trabalho cuja confluência é a reflexão sobre o indivíduo, suas potencialidades e desejos, escolas, formação e aprendizagem, além da realidade das organizações e do mercado de trabalho. Se não considerarmos essas vertentes como um único processo, não estaremos desenvolvendo um trabalho de Orientador Profissional.

Se elegermos a investigação considerando apenas o indivíduo, seremos psicólogos; caso nos preocupemos com onde, como e a forma de aprender, pedagogos; e no caso dos determinantes sociais, estaríamos no campo da sociologia. A questão da escolha e da aquisição da identidade profissional encontra-se no intermédio dessas ciências.

Portanto, o orientador, apesar dessa compreensão mais ampla da atividade, pode tornar-se apenas um reprodutor do sistema vigente, se não introduzir em sua prática questionamentos sobre a relação do indivíduo e seus determinantes socioeconômico-culturais. Ajudar o indivíduo a reconhecer onde está inserido é dar-lhe a oportunidade de ser cidadão e dono de sua força de trabalho.

Referências

ANDRADE, L. Q. *Identidade profissional:* caminhos – uma experiência metodológica na escola-empresa. Dissertação (mestrado) – Instituto de Psicologia da USP, São Paulo, 1995.

BOHOSLAVSKY, R. *Orientação Vocacional* – A estratégia clínica. São Paulo: Martins Fontes, 1977.

_____. *Lo Vocacional Teoria, Técnica e Ideologia.* Buenos Aires: Busqueta, 1975.

CARVALHO, M. M. M. J. *Orientação Profissional em Dinâmica em Grupo.* Tese (doutoramento) – Instituto de Psicologia da USP, São Paulo, 1979.

LEHMAN, Y. R. *Aspectos afetivos e cognitivos na Orientação Profissional de adolescentes.* Dissertação (mestrado) – Instituto de Psicologia da USP, São Paulo, 1980.

PELLETIER, D; BUJOLD, C; NOISEAUX, G. *Desenvolvimento vocacional e crescimento pessoal.* Petrópolis: Vozes, 1982.

PIAGET, J. A Epistemologia Genética. In: *Os Pensadores.* São Paulo: Abril Cultural, 1978.

PICHON-RIVIÈRE, E. *O Processo Grupal.* São Paulo: Martins Fontes, 1983.

PLANTAMURA, V A relação educação-trabalho e a organização da formação profissional. *Boletim Técnico do SENAC.* v. 19, nº 2, 1993.

ROSEMBERG, R. L. Envelhecimento: considerações prévias. *Boletim de Psicologia.* v. XXXIII, 1981.

SUPER, D. E.; BOHN, M. J. J. *Psicologia ocupacional.* São Paulo: Atlas, 1980.

O papel do Orientador Profissional – revisão crítica

Yvette Piha Lehman[1]

O enquadre teórico que encontramos na área de Orientação Profissional nos coloca frente aos seguintes dilemas:

a - será que há neste momento pouca possibilidade de inovar na área? ou

b - devido à complexidade da área, urgem novas abordagens, teorias e novos campos de atuação do orientador?

Observamos que as abordagens atuais não abarcam toda a gama da problemática vocacional, pois são muito restritas frente aos novos problemas e situações sociais.

Muitos profissionais da área são pressionados para buscar soluções e novas estratégias. De fato, inúmeros fatores intervêm, e muitas publicações, que supostamente contêm novas abordagens, não chegam a ter qualquer força inovadora que nos possa tirar deste dilema.

A própria produção científica na área e o número de revistas existentes sobre o tema estão cada vez mais escassos, ou deixaram de ser restritos à área de Orientação Vocacional. Por exemplo, a revista *Vocacional Guidance Quartely* mudou, em 1986, para *Career Development Quartely*.

Podemos nos perguntar o porquê dessa situação?

---

[1] Professora titular do Departamento de Psicologia Social e do Trabalho da USP, coordenadora do Serviço de Orientação Profissional da USP e do Laboratório de Estudos sobre o Trabalho e Orientação Profissional da USP (LABOR-USP). Membro da Sociedade de Psicanálise de São Paulo.

Questionamentos anteriores, que possibilitavam definir abordagens diferentes, atualmente não têm a mesma validade para discriminar e avaliar a eficiência das várias estratégias e os enquadres teóricos divergentes que permitiam ao orientador profissional autodefinir-se. Dessa maneira, a problemática que advém da técnica utilizada se dilui e nos remete a questionamentos mais amplos, que talvez ultrapassem a própria área da Psicologia.

O que fazer frente às novas situações do mercado e da ideologia social frente ao trabalho do homem na nossa sociedade? Qual é o papel específico do psicólogo frente à essa situação? O que a nossa sociedade espera do homem em relação ao trabalho? Será que estamos caminhando para uma nova concepção de trabalho e o seu correspondente projeto social? Quais as novas demandas sociais que existem hoje para a pessoa que escolhe? São claras?

O problema da escolha pessoal tem a ver com toda essa dinâmica, pois neste momento emergem todos esses questionamentos, de ordens individual e social. É neste momento que surge o confronto de todas essas variáveis decorrentes dessas ordens.

O problema da escolha na adolescência remete-nos a uma questão de aquisição de identidade, à formulação de que adulto se quer ser e ao delineamento de um projeto de vida. Este momento é crucial, pois envolve a entrada na vida adulta e a conscientização de seu projeto de vida, antecipando a sua definição do seu papel adulto.

Consideramos que o trabalho que realizamos é de elaboração de um projeto de vida do mundo adulto, por meio da conscientização das identificações, conscientes e inconscientes, subjacentes à escolha do indivíduo.

Assim, o vínculo com a profissão será vivenciado como autor-reparação; será como um estado de preparação para ser vivenciado em si mesmo, como um fazer reparatório. Por isso, podemos afirmar que o processo de orientação profissional tem valor profilático.

Partimos do princípio de que a escolha não é casual e, portanto, de alguma forma, o vínculo com a profissão futura há de ter algo reparatório para o indivíduo.

O *papel do Orientador Profissional*

Nosso principal enfoque segue a teoria de Bohoslavsky (1971), que se baseia tanto na sua conceituação de Orientação Profissional quanto em sua prática na Escola Psicanalítica Inglesa, na Psicologia do Ego de Hartmann e nos aspectos psicossociais que influenciam a escolha. Enfatiza-se, assim, que a escolha remete a uma relação e ao vínculo entre o indivíduo, o outro e o futuro.

Bohoslavsky apoia-se numa visão psicanalítica e na hipótese de Wender de que as vocações expressam respostas do ego a chamados internos, provenientes de objetos internos danificados, que pedem e reclamam a reparação do ego.

Para o autor, o problema da escolha pessoal tem de ser definido com a dificuldade de as pessoas alcançarem escolhas conscientes e autônomas, que podem abranger tanto aspectos de ordem pessoal, considerando a estrutura da pessoa que escolhe, quanto aspectos da estrutura social em que se dá esta escolha, tendo como base a dialética dos desejos e das identificações sociais.

Talvez o orientador profissional tenha de incluir, na sua concepção, um novo modelo de escolha, que se estende, além das grandes especializações, um modelo que enfoque a opção de um modo mais dinâmico. Um modelo, desse modo, que inclua uma opção que não esteja totalmente fechada e que siga o que Bleger (1970) claramente explicita, quando diz: "O homem de nosso tempo deve também cronicamente ser uma pessoa em crise – e esta crise contínua é a melhor adaptação ao meio que se quer modificar e transformar."

Vemos aqui que o modelo de identidade atual e de maturidade inclui como parte de uma crise permanente, que faz do indivíduo um pesquisador constante de seu meio, de seus aspectos internos, evitando uma identidade ajustada ou alienada.

Para a pessoa que escolhe, temos de desmistificar que a escolha tem necessariamente de ser permanente. Temos que torná-la consciente de que isso atualmente é uma ilusão, pois até o conceito de educação hoje entra num modelo de educação continuada, que se pode confrontar com o modelo segundo o qual, uma vez formada, já está conquistado o seu espaço profissional.

Hoje existe a necessidade de se reajustar constantemente a uma formação que muitas vezes se justapõe com a vida profissional, acompanhando as inovações na área.

De certo modo, isso implica uma visão dinâmica e ativa de escolha. Uma constante recontextualização e atualização profissional são, portanto, necessárias, procurando desenvolver um profissional ativo na sua área. Em outras palavras, não ser um profissional alienado, e sim criativo.

Esse novo recontextualizar da orientação profissional também tem de envolver o próprio orientador profissional, que terá de contribuir para que o orientando assente na sua identidade profissional os contextos educacional, histórico-social e os fatores ideológicos subjacentes a estes.

Esse recontextualizar tanto do psicólogo quanto do orientando é absolutamente necessário para evitar que o adolescente sinta que a necessidade de uma adaptação a uma nova realidade nas estruturas social e educativa ocorra devido a falhas pessoais.

A escolha da profissão não mais traz um alívio imediato e permanente.

O papel do psicólogo em Orientação Profissional é fundamentalmente de esclarecer situações, conscientizar e vincular a problemática do adolescente, frente à escolha de seu futuro, com o contexto histórico e as situações locais onde esta escolha se dá.

Muitas vezes, podemos confundir uma pessoa que está neste processo de constante questionamento com outra, totalmente confusa, que se deixa envolver e que permite que a própria situação a escolha.

O desenvolvimento vocacional apontado por Super (1968), em que vemos a vinculação dos indivíduos às ocupações, passa evolutivamente por cinco etapas, cada uma oferecendo características e determinantes específicos: crescimento (treze a catorze anos); exploração (quinze a 24 anos); estabelecimento (24 a 44 anos); manutenção (44 a 64 anos) e declínio (após os 64 anos).

Atualmente, observamos que nesse desenvolvimento as crises vocacionais são cada vez mais frequentes, levando o sujeito a se

O papel do Orientador Profissional 235

reintroduzir em etapas anteriores, fazendo ressurgirem as questões correspondentes a essas etapas, não se observando um desenvolvimento evolutivo linear. Basta mencionar a quantidade de jovens que, após terem ingressado em um curso superior, ficam insatisfeitos com a sua primeira escolha e procuram novos caminhos.

Essa crise pode surgir tanto de uma situação pessoal, como pode ser decorrente do atual modelo de educação continuada e todas as questões que ela nos coloca.

Vários fatores que emergem desse modelo de educação confundem muitos orientadores, que se perguntam a quem esta se dirige: para as pessoas superespecializadas ou para as pessoas que tiveram uma formação lacunar, e que buscam na educação continuada uma tentativa de superar lacunas deixadas pela formação anterior.

Nós, como profissionais, obviamente estamos sendo diretamente atingidos por essas mudanças. Isso nos faz propor um novo modelo, igualmente dinâmico, de escolha, ou a reformulação do atual modelo estático, que nos permite visualizar a identidade ocupacional que emerge desse novo modelo.

Depois de esclarecida a dupla ordem de determinação da escolha do sujeito (individual e social), cai por terra a noção de que a escolha do indivíduo é livre ou autônoma. Isso não significa que estas inexistem, mas são de fato liberdade e autonomia relativas, que emergem na consciência a partir das identificações e das demandas sociais.

Nós, como orientadores profissionais, temos de ter muito clara a consciência da crise, seja porque o próprio trabalho, ou a própria noção de trabalho, está modificando-se, ou seja porque o valor do trabalho hoje não é o mesmo que antigamente. Temos uma série de ideologias concomitantes e paradoxais colocando-nos frente a uma série de contradições. Sem dúvida, nessa área, ficam mais explícitos o tangenciamento e a dupla influência entre o psicólogo e o social.

Cada vez mais nos confrontamos, e temos de lidar, com as encruzilhadas vocacionais. Temos de conhecer, e até tentar prever, as condições futuras da profissão escolhida. E também ter em mente a realidade nacional nos planos educativo e econômico.

Isso pode parecer utópico dentro do contexto brasileiro, onde a realidade das condições de trabalho são tão divergentes, nos níveis de desenvolvimento econômico, técnico e educacional, pois temos demandas sociais muito diversas e necessidades sociais que são igualmente diversas.

A escolha é multi e sobredeterminada. As contradições sociais e as demandas sociais expressam-se por meio de novas exigências, que o sujeito percebe por meio da família, da estrutura educacional e dos meios de comunicação de massa. Estes cristalizam a ideologia pela representação das profissões, das suas relações, dos requisitos pessoais para se ter acesso a elas, seu sentido social, e o próprio valor do trabalho e organização.

Entretanto, recentemente observamos que de alguma forma essas representações não chegam a se cristalizar, ou seja, as demandas e as contradições sociais não são claramente distinguidas. Há uma certa anarquia de valores observada no fato de os jovens desconhecerem essas demandas sociais. Ou, dito de outra forma, o material representacional do seu superego e do ideal de ego são frequentemente vagos para uma futura definição.

De fato, colabora com isso toda uma realidade profissional em que novas profissões surgem a todo momento, outras desaparecem, e outras se modificam ou se subdividem. Basta ver o quanto a própria Psicologia se modificou, seja em relação ao sistema educativo, ao campo de trabalho e às áreas segundo a evolução das diversas técnicas que o profissional segue.

Nesse momento, onde o social está numa vertiginosa transformação, a apreensão da realidade torna-se confusa e difusa. Muitas vezes o nosso trabalho começa pela clarificação desta confusão, e nesta, o que de importante existe para o indivíduo que escolhe.

Todas essas questões trazem para o campo da Orientação Profissional novos problemas. Destaco, aqui, o desmoronamento da identidade profissional, pois vemos cada vez mais frequentemente adultos cujo sentido de sua profissão se perdeu; são adultos que escolheram de forma madura, entretanto, por alguma razão, não encontram mais sentido na sua escolha. É como se houvesse uma implosão de todo os seus ideais.

Esses casos poderiam ser convertidos em apenas casos que poderiam ser encaminhados para terapia. Entretanto, a meu ver, são casos em que a crise se origina de uma série de condições advindas da profissão. É uma crise de lucidez, e está no campo da orientação profissional.

Poderíamos chamá-los de casos atípicos; após tanto tempo na área, entretanto, podemos ver que trazem pontos de reflexão.

Aqui é possível detectar, descrever e definir, com certa precisão, um conjunto de condutas, sentimentos e ansiedades, estados de ânimo, fantasias e defesas que não podem ser incluídos nos conceitos habituais utilizados para caracterizar a patologia mental.

Isso faz com que o campo de Orientação Profissional comece a se ampliar e novas situações a se delinearem. Há maior atenção e interesse na área. Existem vários institutos de orientação especializados para atender a essas situações novas ou para atender à orientação de carreira, seja nos altos níveis, como também em relação à recolocação de profissionais dispensados ou no momento da aposentadoria.

Orientação Profissional hoje é um campo que transcende em muito a situação individual de cada orientador e suas técnicas, pois para ela convergem todos os conflitos de ordens social, institucional e psicológica que marcam nosso dia a dia.

Referências

BOHOSLAVSKY, R. *Orientação Vocacional*: A estratégia clínica. São Paulo: Martins Fontes, 1977.

_____. *Lo Vocacional Teoria, Técnica e Ideologia*. Buenos Aires: Busqueta, 1975.

CARVALHO, M.M.M.J. *Orientação Profissional em dinâmica em grupo*. Tese (doutoramento) – Instituto de Psicologia da USP, São Paulo, 1979.

LEHMAN, Y. P. *Aspectos afetivos e cognitivos na Orientação Profissional de adolescentes*. Dissertação (mestrado) – Instituto de Psicologia da USP, São Paulo, 1980.

_____. *Aquisição da identidade vocacional em uma sociedade em crise* – dois momentos na escolha da profissão liberal. Tese (doutoramento) – Instituto de Psicologia da USP, São Paulo, 1988.

SUPER, D. E; BOHN, M. J. J. *Psicologia ocupacional*. São Paulo: Atlas, 1980.

impressão acabamento
rua 1822 nº 341
04216-000 são paulo sp
T 55 11 3385 8500
F 55 11 2063 4275
www.loyola.com.br